医薬品の売上予測と
プロジェクトの事業性評価

SALES FORECASTING AND PROJECT VALUATION OF PHARMACEUTICALS

e-Projection
代表 長手寿明

医薬品産業における正しい経営判断のために

目次

- I 本書の目指すところ……………………………………………5
- II 総論編………………………………………………………9
  - 第1章 売上予測及び事業性評価の目的……………………9
    - 1 企業価値評価……………………………………………9
    - 2 資源配分の基準…………………………………………10
    - 3 マーケティング戦略構築………………………………10
    - 4 製造計画の立案…………………………………………11
  - 第2章 医薬品の売上予測とその特徴………………………13
    - 1 製品ライフサイクル……………………………………13
    - 2 価格感受性・購買主体・マーケットアクセス………15
    - 3 リスクの高さ……………………………………………16
  - 第3章 誰が売上予測を行うべきなのか……………………20
    - 1 ブランドマネジャー……………………………………20
    - 2 ファイナンス……………………………………………21
    - 3 外部業者…………………………………………………22
  - 第4章 いつ売上予測を行うべきなのか……………………25
    - 1 利用可能情報量の増大…………………………………25
    - 2 より正確な売上予測の必要性…………………………25
  - 第5章 売上予測の類型………………………………………29
    - 1 需要モデル………………………………………………29
    - 2 疫学モデル………………………………………………31
  - 第6章 売上予測構築の上でのノウハウ……………………34
    - 1 網羅的であること………………………………………34
    - 2 一般ソースと例外………………………………………34
    - 3 すべてのアサンプションに論拠をつける……………35
    - 4 変更が追えるようにする………………………………36
    - 5 複数の方法で検証する…………………………………36
    - 6 重要な要素にフォーカスする…………………………36

- ● 7　SOPを作っておく……………………………………………38
- Ⅲ　各論編1：医薬品の売上予測………………………………………41
  - 第7章　仕様………………………………………………………41
    - ● 1　期間とインターバル……………………………………42
    - ● 2　出力単位…………………………………………………44
    - ● 3　地理的範囲………………………………………………45
  - 第8章　疫学モデル(1)　有病率モデル……………………47
    - ● 1　有病率モデルと罹患率モデル…………………………47
    - ● 2　アサンプションの設定…………………………………51
    - ● 3　一般人口…………………………………………………54
    - ● 4　有病率……………………………………………………55
    - ● 5　診断率……………………………………………………59
    - ● 6　患者シェア………………………………………………63
    - ● 7　サブセグメント分類……………………………………64
    - ● 8　コンプライアンス（率）………………………………66
    - ● 9　価格………………………………………………………71
  - 第9章　疫学モデル(2)　罹患率モデル……………………76
    - ● 1　フローとストック………………………………………76
    - ● 2　患者動態のシミュレーション…………………………78
    - ● 3　アサンプションを調整する……………………………81
    - ● 4　複雑な治療フローへの対応……………………………83
  - 第10章　需要モデル……………………………………………86
    - ● 1　需要モデルの概要………………………………………89
    - ● 2　数学的モデリング………………………………………96
    - ● 3　需要モデルのまとめ……………………………………115
  - 第11章　市場調査の適用………………………………………120
    - ● 1　解決課題と調査目的との定義…………………………121
    - ● 2　調査の設計………………………………………………121
    - ● 3　実査………………………………………………………129
    - ● 4　分析・報告・判断………………………………………130

第12章　ターゲット・プロダクト・プロファイル……………………133
　●1　TPPの実際……………………………………………………135
　●2　TPPの立案プロセス…………………………………………140
第13章　マーケットシェア………………………………………………146
　●1　マーケットシェアの予測の意義……………………………146
　●2　シェアの予測のための市場調査の有効性は製品・化合物の
　　　 開発段階によって変わる……………………………………153
　●3　定量的な市場調査をしない場合のマーケットシェアの予測……155
第14章　プロジェクトの不確実性の考え方……………………………161
　●1　売上予測に不確実性を加味すること………………………161
　●2　ディシジョンツリー分析……………………………………163
　●3　確率分布が連続的であると仮定する場合の分析法………165
Ⅳ　各論編2：医薬品のプロジェクト・バリュエーション……………171
第15章　バリュエーションの理論………………………………………171
　●1　企業価値およびプロジェクト価値の評価とその意義……172
　●2　DCF法によるプロジェクトNPV算定の実務………………175
第16章　バリュエーションの実務………………………………………180
　●1　売上のアサンプション………………………………………182
　●2　コストのアサンプション……………………………………184
　●3　EBITからFCFを計算して求める……………………………187
　●4　各年のFCFを現在価値に割り引いて合計しNPVを得る……189
　●5　rNPVの考え方とディシジョンツリー分析のプロセス……189
　●6　その他の方法によるバリュエーション……………………198
第17章　売上予測と事業性評価の企業活動への応用…………………202
　●1　疾患領域戦略・適応症選択…………………………………202
　●2　事業開発戦略に関する事業性評価の重要性………………206
　●3　M&A：トリッキーな事業性評価課題………………………210

I
本書の目指すところ

2010年以降、日本の医薬品産業は明確に低迷期に突入した。2009年の時点で年間9,442億円の輸入超過だった医薬品の貿易収支は、2014年には1兆8,610億円の輸入超過とほぼ倍増した（厚生労働省 2014）。2014年世界売上上位30品目のうち日本オリジンのものはクレストールとエビリファイしかない。どちらも低分子化合物であり、特許切れを間近に控えているか、一部はすでに切れている。こうなると、いずれ日本オリジンの医薬品がこの30位圏内から消えてしまうのではないかと懸念している。上位10品目のうち7品目はバイオ医薬品であり、日本においてバイオ医薬品への取り組みが遅れたことの影響が強く出ていると分析できるだろう。

新薬のシーズが無くなっているわけではない。2015年、FDAは過去最多となる45品目もの新薬を承認したと発表した（国際商業出版 2016, 53）。この中には日本オリジンの6製品も含まれている。しかしながら、この6つの中からブロックバスターになりそうな製品は、せいぜい武田薬品工業のNinlaroくらいだろう。そして、日本オリジンのバイオ医薬品はいまだにこの6製品には含まれていないのである。

この低迷の原因はどこにあるのか。一つの理由としては前世紀末から2000年代の初頭、日本の医薬品企業がバイオ医薬品、特に抗体医薬に対して十分な投資を行って来なかったことが挙げられるのではないかと考えている。日本で実質的に抗体医薬を創薬できる会社は中外製薬と協和発酵キリンとのみである。それ以外の各社はこの分野にほとんど投資を行って来なかった。私

が業界に入って間もない頃、2005年頃だったか、こんな話を聞いたことを思い出す———抗体医薬なんて、今頃入ってももう遅い———いったい何の根拠があってこういうことを言っていたのか。抗体医薬はいまだに新薬のメインステイであり続けている。その時の見通しが甘かったのだ。

あの時点で抗体医薬に関して適切な投資判断が出来ていれば、抗体医薬市場の未来予想図が適切に描けておれば、今頃日本の医薬品産業はもっと違った姿をしていたのではないだろうかと思うと、残念でならない。いや、今からでも遅くはない。どのような研究開発投資を行うべきかということは、「今頃入ってももう遅い」かどうかというようなセンチメンタルな判断で決めるべきではなく、あくまでプロジェクトの価値を定量化して、それが投資に値するのかどうかということを数値化した上で決めるべきことなのである。

しかし、実際にプロジェクトを数値化するのは経営者の仕事ではない。プロジェクトの未来を読み解くのは、あくまでも現場の売上予測担当者の仕事なのである。この本の目的は、業界内の売上予測及び事業性評価に関する技術的、方法論的な蓄積をここで一度整理し、以って医薬品企業の製品ポートフォリオ戦略の策定に資することである。医薬品企業の企業価値最大化が、資源配分の最適化を促し、新薬を必要としている患者に対してより早く製品を届けることにつながると考えるものである。

医薬品産業を取り巻く環境は厳しさを増しており、プロジェクト一件あたりの開発コスト及び失敗リスクは共に上昇傾向にある(失敗リスクについては本文で説明する)。そのような中で、プロジェクトの価値を正確に推し量ることの重要性は益々高くなってきていると考える。

本書の構成は、総論と各論とに分かれており、総論においては予測・評価についての5W1Hについて述べた上で、医薬品の売上予測の特徴及び一般的な予測構築を行う上でのノウハウを説明している。各論はさらに売上予測の構築と事業性の評価との二つの項目に分け、それぞれについて詳細な方法論・技術論などを述べてゆく。実際に医薬品分野においてユニークな点は売上予測であり、事業性評価、すなわちNPVの計算はどちらかと言えば汎用

性のある議論であるため、本書では前者により大きな比重をおいている。

ところで、経済活動という側面から企業を見てゆくと、企業というのは一つないしは二つ以上の社内プロジェクトの結合体であると考えることができる。ここで社内プロジェクトというのは、企業の経済活動においてある程度独立して収入・費用を概念することができる活動単位のことであり、たとえば製品一つひとつのことである。このときに前提としているのは、各プロジェクトの価値の総和が企業価値の総和に他ならないというアサンプションである。これは直感的には理解しやすいが、必ずしも明らかではない。まずは次章で、企業が自らのプロジェクトの売上予測を行う目的から議論してゆこう。

なお、本書ではいくつかのケースで実際の医薬品の売上予測を行っているが、この予測に基づく第三者の投資判断について、一切責任を負うものではない。

参考文献

厚生労働省. 2015. 医薬品産業強化総合戦略. Last modified September 4. http://www.mhlw.go.jp/file/04-Houdouhappyou-10807000-Iseikyoku-Keizaika/0000096429.pdf

国際商業出版. 2016. 国際医薬品情報. 1050

II
総論編

第1章　売上予測及び事業性評価の目的

プロジェクトの売上予測及び事業性評価を行う理由の大きなものには、以下の四つがある。

● 1　企業価値評価

社内プロジェクトが現在及び将来にわたって会社にもたらされるキャッシュフローを予測することは管理会計上の要請であり、企業価値の評価のために必要なことである。この企業価値評価という目的には、経営側からと株主側からという二つの異なる立場から必要性が生ずる。前者は、たとえば経営者が中長期的な経営計画を立案するに当たって自社のプロジェクトが将来どのようなキャッシュフローをもたらすかということを知ることは極めて重要なことであろう。それに基づいて配当政策を決定し、領域戦略を練る。すなわち経営が株主価値の最大化を目指すための定量的な評価基準〔key performance indicators; KPI〕を与えることが売上予測及び事業性評価の一つの目的であり、会社の行動決定のために極めて重要な分析であることがわかる。

一方、投資家にとっても、社外からその投資対象会社のプロジェクトの売上を予測し、その事業性を評価することは、当該企業の目標株価の算出のため

に極めて重要である。企業の時価総額は現在及び将来にわたって企業にもたらされるフリーキャッシュフロー［free cashflow; FCF］の現在価値の総和を表現していると考えられる。したがって、当該企業の適正株価の算出のためにはFCFの将来にわたる傾向を把握しなければならない。証券アナリストたちが競って社内プロジェクトの売上を予測するのはこのためである。

● 2　資源配分の基準

資金調達コストが調達資金の額に関わらず一定であるような理想的な金融市場であれば、企業は必要なだけ社債を発行し、正味現在価値［net present value; NPV］が正であるすべてのプロジェクトに投資をすべきである。残念ながら現実の金融市場はそのようにはなっていないため、企業が投資にまわすことができる資金は限られている。したがって、経営者は限られた資金を、もっともNPVが高いプロジェクトから順番に配分してゆくことになる。これは企業価値評価とも共通の部分であるが、プロジェクトのNPVを計算するためにはプロジェクトのFCFの将来にわたる傾向を把握しなければならず、売上予測が必須である。これは特に研究開発投資の選択基準として重要である。

● 3　マーケティング戦略構築

研究開発投資の側面だけでなく、製品のマーケティングにおけるマーケティングミックスを決定する場面においても、売上予測及び事業性評価は非常に重要なツールである。ある製品のマーケティング戦略を実施した場合に、売上がどのように反応し、結果としてプロジェクトのNPVがどのように変動するかということを売上予測と事業性評価とを行うことによって定量的に評価することができる。例を一つ示すと、認知率が低い疾患の新薬を発売するにあたっては、疾患啓発プロモーションを発売前に行っておきたい。しかし、そのようなプロモーションは一般公衆を対象にした活動であり、大きなコストがかかり、それを行うことの必要性が充分に説明できなければならない。

その際に、そのプロモーション活動に定量的な根拠を与えることができるのが売上予測に基づく事業性評価なのである。つまり、そのプロモーションを行った場合と行わなかった場合におけるそれぞれの売上を予測して、どれだけの上乗せがあるのかということを説明することができれば、説得力のある議論ができるであろう。優れた売上予測のモデルというのは、更にここから一歩進めて、そのモデルをただ眺めるだけでどこにマーケティングレバー（効率良く売上を伸ばすことができるような要素）があるのかということを探すことができるようなモデルである。上の例で言えば、患者人口から始まる疫学モデルを構築したときに、患者人口と診断者人口との間に乖離が見られるとして、疾患啓発プログラムを行った場合に診断者人口がどの程度増えるのかということに関するアサンプションが適切におかれていれば、そのプロモーション活動に対する売上高の感受性を知ることができる。それが、たとえば医師に対するプロモーション活動を強化して、マーケットシェアを上げようとすることと比較して優れた選択であるかどうかが、一目瞭然となるのである。このように売上予測と事業性評価とは、プロモーションの予算が限られているような場合には、売上高をKPIにして最適なマーケティングミックスを選択するための強力なツールとなり得る。

これはすでに上市されている製品のマーケティングだけに限らない。どのような添付文書の表現になればどのような売上が期待できるのか、どのようなエンドポイントを治験に含めて、どのようなデータを作ればどのようにキャッシュフローに影響して、どのくらいプロジェクトの価値が上がるのかということを可視化することは、開発の方向性を商業的に誘導するという観点からも極めて重要である。

● 4　製造計画の立案

もう一つの重要な目的として、製造計画の立案がある。製造計画を立てるためには医薬品の需要を読まなければならない。特に、医薬品は供給不安があってはならない製品であり、需要の正確な予測は企業の社会的信頼という

側面からも極めて重要なプロセスである。一方で特に新製品の上市の際には製品の需要を正確に読むことは難しい。製造計画はこの製品需要だけでなく、チャネル充填や在庫管理等の流通ダイナミクス、製品の使用期限、在庫コストの最小化などの観点を織り込んで立案されねばならない。

図1-1：医薬品の売上予測の4つの目的

第2章 医薬品の売上予測とその特徴

医薬品は他の非耐久消費財と異なる特徴的な性質を有している製品であって、売上予測を構築する際も留意しなければならない点がいくつか存在する。

1 製品ライフサイクル

医薬品が一般的な商品と大きく異なる点が、その極めて特徴的なライフサイクルである。以下にその特徴をまとめてみた。

（1） 最初のキャッシュインまでの期間が長い

2015年に厚生労働省が策定した「医薬品産業強化総合戦略～グローバル展開を見据えた創薬～」によれば、新薬の開発期間は9年から17年間に及ぶという（厚生労働省 2015）。また、米国コンサルティング企業のDeloitteによれば、その期間は一般的に15年であるとしている（Deloitte 2015）。これはこの間、原則的にそのプロジェクトによって少なくとも売上の形でのキャッシュインは見込めないことを意味する。したがって、企業は発売までの期間中、ひたすらネガティブキャッシュフローを蓄積させてゆかなければならない。

（2） 独占的に販売できる期間が存在する

医薬品は別名「化合物」と良く言われるが、その製品の有効成分は何らかの化学物質であり、その「実施」は特許法その他の公的な制度によって保護されている。この性質から、いくつかの特徴的なパターンがライフサイクルの中に表れる。一つ目は競合の状況である。企業は独占的にその化合物を製造し、販売することができるため、特許期間中は同一の化合物が別の会社から世の中に出てくるということはない。したがって、独占権が行使できる期間

内では、新製品は基本的に独占もしくは寡占の状態となる。二つ目はその独占権が切れた時の売上への影響であり、多くの場合は直ちに競合の参入を許すことになる。この場合、米国のように先発品がほぼ完全に競争優位を失ってしまうような市場もあれば、日本などのように先発品が依然として競争優位を保つような市場もある。あるいは生物学的製剤などのように、そもそも技術的に後発医薬品を製造することがかなり難しい場合もある。しかし、そのような特殊な場合を除けば、程度の差はあれ、独占権の失効とともに先発品は後発品によって市場シェアを侵食されることとなる。

（3） 競合製品の数が少なく、参入が予知できる

独占販売期間とも関連するが、まったく同じ化合物を用いた製品は独占権が有効な期間中は市場に現れない。しかしたとえば、化学構造を少しだけ変えて、特許侵害にはならないが自社製品と同じような作用機序をもつような化合物が市場に参入してくることは大いにありうる。このような場合でも、臨床開発情報や特許情報などの開示情報などを分析することによって競合の参入の時期などをかなり正確に予想することができるのが医薬品の特徴である。医薬品開発上絶対に必要なプロセスである治験は、倫理的な問題からその情報を常に公開しなければならないため、競合の動向はかなり正確に察知することができる。

（4） 新製品の浸透が遅い

ある患者が今投与されている薬を別の薬に変えるのにはそれなりの理由が必要であり、新発売された競合品が既存品と比較してある程度優れていても、今飲んでいる薬に代えてその競合品を採用するということはなかなか起こらない。医師は使用経験が蓄積されている薬を処方する傾向にあり、その理由もあって新製品の浸透速度は遅く、売上がピークに到達するまでには5年から、時には10年以上かかるというのが医薬品の浸透の特徴である。

● 2　価格感受性・購買主体・マーケットアクセス

たとえば自動車のような、比較的高価であって、状況によっては必要性の度合いが高い商品を購入する場合でも、実際にその自動車を消費する主体（乗るという行為によって便益を得る者）とその自動車を選ぶ主体、そしてその自動車の購入の際に費用負担する主体は、通常は同一者、もしくは同一の家計である。しかし、とりわけ先進国の医薬品市場において特徴的なのは、製品の消費主体、選択主体、及び費用負担の主体がそれぞれ別な主体として独立していることである。たとえば日本であれば、製品の最終的な消費者は患者であるが、その患者は通常その投与される医薬品を選ぶことはできず、もっぱら専門家である医師の選択に委ねることになる。ところがその費用負担は医師が行うわけではなく、状況次第で患者と保険者とが負担することになる。したがって価格感受性の主体は患者及び保険者であり、特に公的保険の場合は少なくとも部分的には国である、と考えることができるだろう。この構造は米国でも欧州でも基本的には変わらない。

このような主体の分散が起こっている理由は、医療の福祉的側面と技術的専門性との両面から説明できる。すなわち前者は、医療は社会権の一部である生存権の具体的表現、日本で言えば憲法25条で示されている「健康で文化的な最低限度の生活」を、その国民の所得の程度とは関係なく保障するために、国自ら資金を調達し、もしくは国の指導のもとで資金源を確保して、国民の肩代わりをするというシステムを採用しているのである。ここでは国が患者負担を肩代わりする一方、具体的にどのような医療行為が患者に与えられるに相応しいのかを国が決定し、かつその価格についても国が決定する。

後者は医学専門家としての医師が患者本人よりも患者の疾患についての情報を多く持っていると考えられるため、患者にとって最善の選択を医学的な見地から下すことのできる医師に選択の権限を委ねることは合理的である。この医師のいわゆる処方権についての解釈が、国によって大きく異なるのである。前提は、治療手段の選択自体は医師の自由裁量に依存しているという点

である。逆に言えば、医師には治療の場面々々において、最善の治療を施したいという動機付けが、少なくとも自動車を購入する場合の消費者と同程度には働かない。そこで医師に対して、包括的な視点からそのような動機を付与する社会的なシステムを、少なくとも先進国は採用しており、それが保険償還のシステムの本来の意義の一部なのである。更に別の言い方をすれば、社会が医師の判断に対して置いている信頼の大きさを、この保険償還のシステムが表現していると言えよう。米国や英国系の国のように、健康保険が実質的に医師の処方権をかなり制限しているような制度を採用している国では、医学専門家の自由裁量に医療行為を委ねるよりも、保険制度の経済的な動機形成によって調整された制限裁量の方が包括的に見て最善の医療が提供できると考えられていると解釈できる。一方、日本やフランスのように、医師の裁量権をかなり強く認めている国の場合には、医学専門家の善意に対する社会的な信頼度が高いと解釈できるのである。後者のような国では、前者と比べて、たとえば後発医薬品の浸透の速度は遅くなる。なぜなら、医師は自らの責任で最善の判断を下す必要があり、そのために必要となる情報量はより多くなるため、先発品医薬品企業からの情報提供を、後発医薬品参入後も必要とする可能性があるからである。前者のような国では、医師は健康保険の保険者が作成したガイドラインに従って淡々と処方をすれば良いので、保険が後発医薬品を推奨すれば、直ちにほぼすべての処方が後発医薬品に切り替わる。このようにマーケットアクセスに関する状況は国によって異なるので（そしてこの違いはいわゆる新興国市場においてはより顕著になる）、グローバルな売上予測を立てる際でも、国ごとに別々の売上予測を立てることが基本となる。

● 3　リスクの高さ

医薬品開発におけるリスクは失敗の確率 attrition rate のことを指しているようにも見える。大日本住友製薬のアニュアルレポートによれば、薬の候補化合物が実際に薬として世の中に登場する確率は 3 万分の 1 なのだそうであ

る（大日本住友製薬 2015）。ある医薬品企業の社長がこのようにぼやいていた。「建設業であれば、プロジェクトに失敗したと言っても建物は残る。医薬品は失敗するとまったく何も残らない、プロジェクトの価値はゼロになってしまう」。このリスクがまさに医薬品の特徴であると言えるだろう。

一方でファイナンスの用語としてのリスクは投資に対するリターンの不確実性のことを指している。具体的には、たとえばある銘柄の株価の年次推移を見たときに、毎年のリターンの標準偏差のことを指して「リスク」と呼んでいるのである。これを医薬品のパイプラインに当てはめるとすると、企業は過去の経験を基にして売上予測を立てるが、具体的にはそのパイプラインの発売 x 年後の売上の平均値を予想することになる。リスクが高いとは、その予想が外れる可能性が高いというだけでなく、実際の売上が予測された値から高くも低くも大きく隔たる可能性が高いということを示している。歴史的に見ると、とりわけ医薬品に関しては売上予測を正確に立てることは非常に難しい作業のようで、Cha らによれば、2002 年から 2010 年までの間に発売された新薬について立てられたすべての売上予測のうち、6 割がピーク売上を 40％以上外していたそうである（Cha et al. 2013）。これは上市された医薬品についての数字であるので、たとえば臨床後期段階での失敗によって終了したパイプラインについて含めていない（売上は 0 になっていて、これも予測を外しているはずである）。

こうしてみると、医薬品のプロジェクトとしてのリスクは二種類に分けることができるようである。一つは開発失敗の可能性であり、これはプロジェクトを中断する確率というパラメータで表現できそうである。そしてもう一つは狭義のリスクとも呼べる、売上そのものの正確性であり、これは予測売上と実際の売上との乖離の程度という形で示されよう（すなわちファイナンスで言うところのリスクである）。するとそれぞれのリスクにどのような要素が影響を与えそうなのかということを考えること、そしてそれらの要素は将来にわたってどのように変化しそうなのかということを考えることが、売上予測を立てる上で必要になってくる。そのリスクと、その主な要素とを、表

2-1 に簡単に整理してみた。

表 2-1

失敗リスク	正確性リスク
● 化合物薬理学的な性質（安全性・有効性など） ● 薬事的環境（承認条件・償還条件など）	● 需要の程度（アンメットニーズ・患者数などの市場規模） ● マーケットアクセス及び価格 ● 競合の状況

これらの要素それぞれが売上予測に直接関与する要素となってくる。医薬品の売上予測がどの程度正確であれば良いかということは別な議論であるが、これだけ不確実性が高くても売上予測をすることは先に述べた四つの目的からも意味があることであり、また必要なことでもある。これらのリスクがある程度把握可能なものであれば、それを売上予測に反映させられるような技術的な方法はある程度確立されていて、これについては各論で述べる。たとえば、医薬品の各開発ステージにおける適応疾患領域ごとのこれまでの成功確率は良く研究されているので、それぞれの化合物の大まかな成功確率は計算によって求めることができる（Hay et al. 2014）。

参考文献

Cha, Myoung, Bassel Rifai and Pasha Sarraf. 2013. "Pharmaceutical forecasting: throwing darts?" *Nature Reviews Drug Discovery* 12: 737-8

Deloitte 2015. "Measuring the return from pharmaceutical innovation 2015" Accessed January 25, 2016. http://ww2.deloitte.com/content/dam/Deloitte/global/Documents/Life-Sciences-Health-Care/gx-lshc-pharma-innovation.pdf

Hay, Michael, David W Thomas, John L Craighead, Celia Economides & Jesse Rosenthal. 2014 "Clinical development success rates for investigational drugs." *Nature Biotechnology* 32: 40-51

厚生労働省. 2015. "医薬品産業強化総合戦略〜グローバル展開を見据えた創薬〜" Last modified September 4. http://www.mhlw.go.jp/file/06- Seisakujouhou-

10800000-Iseikyoku/0000096433.pdf
大日本住友製薬. 2015. アニュアルレポート. Last modified August 2015. http://www.ds-pharma.co.jp/ir/library/annual/ebook/index.html#page=66

第3章 誰が売上予測を行うべきなのか

このように正確に予測することが難しいにもかかわらず、経営判断の重要な指標である売上予測を、いったい誰が担当すべきであるのかということは非常に重要な問題となる。売上予測を担当できる担当者候補としては、以下の三者が考えられる。

- ブランドマネジャー：その製品のマーケティングを実務として行っているので、市場に関してもっとも多くの知識を持っており、その製品の売上に対して責任を持つ立場にある。
- ファイナンス：売上予測を立てる専門家であって、定量的予測に関する一般的な技能を社内でもっとも蓄積している。
- 外部業者：外部の専門家であって、社内にない客観的な情報や技能を持っている。

これにグローバル製品の予測という部分を含めると、セントラルかローカルか（すなわち、本社で一括して予測を行うのか、それとも各国の販社に予測させるのか）という別の側面も生じてくることになる。また、後ほど出てくる開発段階に関する考慮も必要になろう。しかし、ここでは単純化のためにこの三者を比較する。

この三者の誰が売上予測をするにしてもそれぞれ長所と短所とがある。これは突き詰めてみると組織デザインの問題でもある。まずはそれぞれ、ガバナンス、情報量、動機形成、技能という側面を整理してみよう。

●1　ブランドマネジャー

（1）情報量

市場に関する知識をもっとも多く有しており、その製品についてどの程度の需要があるのか、競合はどのように戦っており、自社の販売部隊の能力はど

のような水準であってこの製品はどの地域でどのくらい売れそうなのかという細かい情報を排他的に持っている。

(2) 動機形成
目標としての売上予測は下げたいが、社内での投資を呼び込むためには自分の売上予測を高めに出したいとの動機が働き得る。自分の責任範囲が明確な分、自分の担当するプロジェクトの短期的な価値最大化が最大の関心事である。自社内の他のプロジェクトは自分の競合であると考える。

(3) ガバナンス
情報の非対称性があり、主観的で恣意的な売上予測を立てても経営層はそれを完全に否定することができない。

(4) 技能
売上予測の技能は必ずしも高くはない。また、現在の市場の情報にのみフォーカスしている可能性があり、遠い将来に対する関心が低いため、長期予測は経験が少なく技能も高くない。

●2　ファイナンス

(1) 情報量
市場に関する直接の情報は乏しい。製品についての技術的情報はほとんど持っていない。

(2) 動機形成
より経営層に近いポジションなので、ブランドマネジャーよりは長期的視点で予測を行う可能性がある。また、各プロジェクトの比較を行うことができるポジションであり、売上予測のプロジェクト間および経時的な一貫性を維持することに関心がある。

（3） ガバナンス

経営層の意向を受けて、予測を高めに設定する可能性がある。つまり、全社的な目標のブレイクダウンとして各製品の売上高の目標を置き、それに合わせて売上予測を作成する立場にある。ただし、製品固有の情報もなく、プロジェクト一つひとつに対する責任もないので、非現実的な目標を設定しがちである。

（4） 技能

ファイナンスの知識に裏付けられた、売上予測のテンプレートの作成などの技術的レベルはブランドマネジャーよりは高いと考えられる。また、ブランドマネジャーよりは客観的な売上予測を立てられる可能性がある。

● 3　外部業者

（1） 情報量

自社だけでなく、競合他社の売上予測をも行っていると思われるので、市場に関する情報は多く持っている可能性がある。しかし、製品固有の情報はもっとも乏しい。

（2） 動機形成

外部業者の動機は、将来の再受注の可能性を高めるということに尽きる。理想的に考えれば、この動機に従ってより正確で客観的な売上予測を作成することを期待したいところだろう。しかしながら現実には、予算を執行する権限があって受注の判断を下すことができる担当者の期待するような売上予測を作成する強い動機が形成されるものと思われる。

（3） ガバナンス

上述の動機に従って、雇用されている担当者の目的に従って売上予測を高めにも安めにも設定しうる。外部業者はその時々で必要に応じて雇われ、その

予測を提出して業務は終了となるので、終了後に重要なアサンプションが変わってもその後のことには基本的には責任がない。したがって経時的な一貫性や他の社内の他のプロジェクトとの一貫性を保つことが困難である。

(4) 技能
売上予測の数としてはもっともこなしていると思われ、経験の蓄積は多いものと考えられる。

ここで重要なことは、この三者のうち誰にも売上予測の正確さを向上させることに関する動機が生じないことである。実際には売上予測を正確に行うことは難しいばかりでなく、医薬品のライフサイクルの長さを考慮すれば、その正確さを後から検証することはとても難しい。したがって、予測が正確であるかどうかを議論することそのものに余り意味が見出せないというような状況に陥りやすく、むしろ売上予測は社内調整のためのツールの一つとして考えられてしまう。

しかし、だからこそ経営層が売上予測のディテールに関心を持つことはとても重要なことなのである。経営層が予測の詳細に関心を示さなければ、予測は各担当者の思惑に従って恣意的に作られ、予測を正確に行おうとする適切な努力が払われない事態になりかねない。そのような不適切な予測に基づく経営判断は適切なものとは言い難い。

製薬企業によっては社内のマーケティング部門に売上予測を専門に行う部署を設けて、情報の非対称性を補正し、短期的な結果により強い関心がある現場とより長期的な経営計画を策定したい経営層とのずれを埋めようと試みているようである。売上予測は常に社内政治の道具にされやすく、売上予測を正しく計算するためには適切な組織デザインが欠かせない。詳細は専門書に譲る（Lazear and Gibbs, 2008）。

参考文献

Lazear, Edward P., and Mike Gibbs. 2008. *Personnel Economics in Practice* 2nd ed. NJ: Wiley

第4章 いつ売上予測を行うべきなのか

どのような社内プロジェクトも、そのプロジェクトの金銭的価値に関する情報を備えていなければならない。その情報がない状態では、そのプロジェクトに対して投資を行う理由を出資者に対して説明することができないからである。あるプロジェクトの価値は、売上予測と事業性評価とを行うことによって初めて算出可能であるので、社内のあらゆるプロジェクトは何らかの売上予測を備えていることが必須となる。したがって、「いつ売上予測を立てるか」という問いを立てる場合は「今、この段階にあるプロジェクトについて、どの程度の努力を払って、どの程度精密な売上予測を立てるか」という意味に捉えるべきである。この「努力を払って精密な予測を立てる」という場合の予測の精密さの程度には粒度 granularity という言葉が使われる。プロジェクトの開発が進めば進むほど、そのプロジェクトの売上予測の粒度を上げてゆくことになる。その理由は以下の二点である。

● 1 利用可能情報量の増大

一点目は予測の粒度を上げることが可能になるということである。すなわち開発が進めば進むほど、化合物がどのような顔貌をしているのかということが明らかになり、売上予測に使うことができる情報の量が増えてくるので、より粒度の高い売上予測を構築することができるようになる。たとえば、II相のデータが得られた時点で、自分たちの化合物の薬理学的な特性がより詳細にわかるようになった結果、有効性の観点から競合に対して上回っているので、予測マーケットシェアを引き上げる、というようなことである。

● 2 より正確な売上予測の必要性

二点目は予測の粒度を上げる必要性が高まってくるということである。開発

段階が進めば進むほど開発費用は増大してゆくので、後期開発段階ではより正確な売上予測を行って、本当にそのプロジェクトを進めるべきかどうかに関する判断を誤らないようにしたい、という要請である。Paulらによれば、各開発段階における平均開発コストは、非臨床で5百万米ドル、I相で15百万ドル、II相で40百万ドル、III相で150百万ドルということであるので、相が一つ進むごとにおよそ三倍ずつ上がっていっている（Paul et al. 2010）。

このように、売上予測の粒度は得られる情報の量とその経営判断における必要性の程度とによって定められる。それでは具体的にはどの程度の予測をどの段階で立てれば良いのであろうか。筆者の経験では、多くの企業ではプロジェクトをIII相に進めるという判断をしたときにブランドチームを設立して、市場調査などの本格的なコマーシャルインプットを開発部門に対して行ってゆくという方針を取っているようである。その段階ではより精密な売上予測も行う。この段階でのブランドチームの設立は、再びPaulらによれば、II相の試験の成功確率が、すべての開発過程の中でもっとも低い（34%）ことを考えれば、失敗リスクの観点からは合理的な判断である。しかし、正確性リスクの観点からは、II相の試験のデザインがその化合物の薬理学的な特性を決定するのにもっとも重要であるということを考慮すると（III相はあくまでも検証的試験なのであって、II相で得られたアサンプションを検証するに過ぎない）II相の段階でかなり精密な売上予測を行うべきであり、この方針はやや遅いとも考えられる。正確性リスクの回避はブランドチームの責任範囲であって、失敗リスクは開発部門の責任範囲なのであるから、III相が走り始めてからブランドチームを設立するのは違和感がある。ブランドチームは設立できたけれど、III相は走り始めていて今更コマーシャルインプットができない、というのは良く聞く話である。しかし、II相に入る段階のプロジェクトすべてにブランドマネジャーをつけるわけには行かず、ブランドチームの設立時期、すなわち売上予測に対してどの時期にどれだけの投資を行うのかということは、最終的には経営判断である。

第4章 いつ売上予測を行うべきなのか 27

図4-1：医薬品の開発コスト（Paul et al. 2010）

	Target-to-hit	Hit-to-lead	Lead optimization	Preclinical	Phase I	Phase II	Phase III	Submission to launch	Launch
p(TS)	80%	75%	85%	69%	54%	34%	70%	91%	
WIP needed for 1 launch	24.3	19.4	14.6	12.4	8.6	4.6	1.6	1.1	1
Cost per WIP per Phase	$1	$2.5	$10	$5	$15	$40	$150	$40	
Cycle time (years)	1.0	1.5	2.0	1.0	1.5	2.5	2.5	1.5	
Cost per launch (out of pocket)	$24	$49	$146	$62	$128	$185	$235	$44	$873
% Total cost per NME	3%	6%	17%	7%	15%	21%	27%	5%	
Cost of capital	11%								
Cost per launch (capitalized)	$94	$166	$414	$150	$273	$319	$314	$48	$1,778

Nature Reviews | Drug Discovery

p(TS)とはprobability of technical success、すなわち成功確率のことである。WIP needed for 1 launchとは、この成功確率を元に、一つの上市のためにいくつのプロジェクトが開発各段階で必要になるかということの試算である。Cost per WIP per phaseは一つのプロジェクトにそれぞれの開発段階でかかる費用のこと、Cycle timeとはそれぞれの開発期間のことである。Cost per launchとはこの三つを掛け合わせて、一つの上市のためにかかるコストを計算したものである。これをまとめると、一つの上市当たりかかる費用の合計は873百万ドルということになる。% Total cost per NMEとはこのコストの全体に占める割合を％で示したもの。資本コストを11%としたときのそれぞれの段階のコストを現在価値に割り戻したのがCost per launch (capitalized)で、正味の現在コスト換算すると一つのプロジェクトには上市時点で1,778百万ドルの現在価値が無いと、採算が取れないということを示している。

図4-2：売上予測の粒度と開発段階との関係

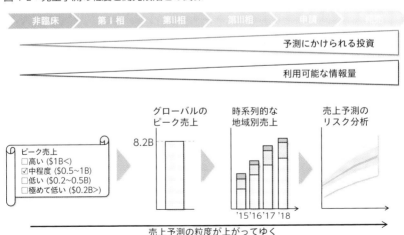

参考文献

Paul, Steven M., Daniel S. Mytelka, Christopher T. Dunwiddie, Charles C. Persinger, Bernard H. Munos, Stacy R. Lindborg and Aaron L. Schacht. 2010. "How to improve R&D productivity: the pharmaceutical industry's grand challenge." *Nature Reviews Drug Discovery* 9: 203-14

第5章 売上予測の類型

ここでは売上予測のモデルにはどのような類型があって、それぞれどのような性質を持っているのかということについて簡単に触れておきたい。

売上予測は過去に基づいて未来を予想するという活動なのであって、過去の傾向を見定めてそれを未来に外挿 extrapolate[1] してゆくという考え方そのものはどのような予測方法であっても変わらない。しかし実際には、利用可能なデータの量及び質の制限を受けて、また売上予測の目的の種類によって、売上予測はいくつかの類型に分けられる。詳細は各論で述べるが、類型は需要モデル demand based model と疫学モデル epidemiology model との二つに大きく分けることができる。

● 1 需要モデル

これは過去の製品の需要、たとえば発行された処方箋の枚数の時系列分析を行って、傾向を読み取ってモデルを構築し、そのモデルを用いて未来の処方箋枚数の推移を予測するモデルである。したがって、処方箋枚数の場合であればその時系列的なデータを収集できることが条件になる。このモデルの特徴を以下に示す。

---

[1] 外挿という言葉は、知っている情報に基づいて立てたアサンプションをまだ知られていないモノ・状態に対して適用することであるが、売上予測の上ではそこから派生して二つの意味に用いられる場合があり、本書でもそれを踏襲している。すなわち、過去のデータからアサンプションを立ててそれを未来の予測にそのまま使うこと(時間的外挿)と、ある地域で観察されるデータや用いられているアサンプションを別の地域にそのまま用いること(地理的外挿)である。ここでは前者の意味で用いられている。

図 5-1：需要モデルのイメージ

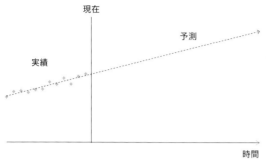

過去の情報の傾向を読み取り、未来に投射する。

（1） 信頼性が高い

先月の処方箋発行枚数がわかっていれば、今月の処方箋発行枚数もそれと大きくは変わらないことが予想できる。とりわけ医薬品の場合はスイッチが起こりにくいということもあって、大きく需要が変動しにくいということからも、翌月の需要はかなり正確に読むことができる。

（2） 競合分析がしやすい

自社品の処方箋データが得られるということは、他社の製品のデータも得られる場合が多いので、マーケットシェアの分析や、いったいどの製品からの切り替えが起こっているのか（これを source of business という）ということの分析を行うことができ、自社のマーケティング戦略に対する市場の反応を細かく測定することができる。

（3） 長期の予測には向いていない

過去の数量的トレンドだけから長期的な予測を行うことまでは困難で、何らかの長期予測の方法を組み合わせて予測することになる。

（4） データが存在することが前提となる

過去のデータに基づいて売上の推移を予測してゆくので、当然過去のデータがまったく無いような新規の疾患の治療薬の売上予測には使えない。また、需要モデルで必要となるのは、過去の売上の全量を説明するためのデータであり、サンプルのデータしか得られない場合には拡大推計をすることになり、データの性質によっては予測の精度に影響が出る場合がある。

（5） 既存品の短期的な動向の把握に向いている

過去と未来とを連続的に概念しているため、たとえば既存品のKPIのトラッキングや営業組織の達成目標の構築などに向いている。

2　疫学モデル

現在及び将来の患者数に基づいて医薬品の需要を予測するためのモデルであり、患者数モデル patient-based model などとも呼ばれる。医薬品の需要は最終的には患者において発生するため、その患者の動向を計数的に評価することによって需要の大きさを把握しようという考え方である。

モデルの構築は一般人口における有病率・罹患率から有病者数・罹患数を求めるところから始まり、診断患者数、薬物治療患者数、クラスシェア、クラス中製品シェアと落としてゆき実際に製品を用いる患者の数を予想する。その上で、患者一人当たりの消費量に関する予測と想定価格とを当てはめると、予測売上が計算される。なお、有病者とはある時にその疾病を患っている患者のことであり、罹患とはある人がある期間中にその疾病に新しく侵されることである。このモデルの特徴は以下のとおりである。

図 5-2：疫学モデルのイメージ

疫学的データに基づいた多数のアサンプションをもとに売上を予測する。

（1） 長期の予測に向いている

現在の有病率（有病者数）または罹患率（罹患数）がわかっており、その有病率・罹患率自体は長期にわたって大きな変化がないと仮定すれば、30年程度将来の有病者数・罹患数であればある程度の確度をもって推定できる（医薬品の特許期間が最長25年であることを考えれば充分な長さであると言える）。これが更に年齢階級別になっていれば、人口ピラミッドの推移に合わせてより精密な有病者数・罹患数の推定ができる。

（2） 少ないデータでもある程度の予測を行うことができる

たとえば既存のマーケットが存在しないような製品であっても、複数のアサンプションを置くことによって売上予測を完成させることができる。まったくデータが無いような場合には、たとえば他の国のデータを外挿して対応することも可能である。したがって、パイプラインや新製品にも向いている。

（3） マーケティング戦略の構築に向いている

製品の需要の源泉は患者であるため、患者に焦点を当てた疫学モデルはマーケティング戦略の構築に向いていると言える。各論編で詳細に説明するが、売上予測の構築の中でどの要素にギャップがあるのか（どの段階とどの段階との間に大きな差が見られるのか）がこの疫学モデルは見やすいので、ギャップに対する戦略を練るのに使いやすいモデルである。

（4） 予測全体としての確からしさが低い

置いているアサンプションの数が多く、また一つひとつのアサンプションに対する予測売上の感受性も高いので、全体としての確からしさが低くなる。アサンプションの置き方次第で最終的な売上をどのようにでも変化させられてしまう。

このように、二つのモデルには一長一短があり、どちらがどちらよりも優れているということはない。需要モデルは上述のように既存製品のKPIの目標設定を行うために良く用いられる。一方、疫学モデルは比較的長期の製品戦略やポートフォリオ戦略、パイプラインの開発戦略の策定の際に良く使われる傾向にあるようである。十分に情報がある場合には、同じプロジェクトについてこの両方のモデルを用いてお互いを検証することが出来れば、売上予測の信頼感はより高まるであろう。

この二つの方法以外に、アナログ分析という方法が用いられることがある。アナログ分析とは、予測したい製品と類似する製品が市場に存在するときに、その売上の推移をそのまま当該製品の将来の予測売上として当てはめるというものである。しかし、医薬品においては互いに類似する製品というものがなかなか存在せず、また類似の根拠を与えることも簡単ではない。したがって、アナログ分析を行う場合でも、他の予測方法と併せて行い、アナログ分析はあくまでも検証的に実施するというのが望ましい。

第6章 売上予測構築の上でのノウハウ

医薬品に限らず、あらゆる売上予測においてもっとも大切なのは信頼である。予測というのはそもそも不確実な未来を推測するものであるので、100%の正解を得ることは至難の業である。特に医薬品のパイプラインの長期売上予測となれば、すでに述べたように実際にその予測が正解だったかどうかを検証することはほとんど不可能なのであるから、結果によって自分の売上予測の正しさを説明するのは難しい。そのような状況であっても、いや、だからこそ、売上予測、その予測を行う担当者の社内における信頼は大切である。それは、今の時点で得られるすべての情報を総合して、一番もっともらしい未来を予測するに当たって、与えられた資源の中で最大限の努力をしたという証拠を見せることによってのみ得られる。パブリックドメインにあるすべての関連する情報だけでなく、市場調査や二次資料などに当たって、もっとも確からしい予測値はこれであるということに自信を持って答えられるようにすることが大切である。いくつかの原則を以下に示す。

● 1　網羅的であること

会議の場で自分の立てた予測を説明し終わった後で、マーケティング担当役員から「こういう情報もあるみたいだけど」と言われて「知りませんでした」では、プロフェッショナルとは言えまい。「その情報は知っていましたが、こういう理由で採用しませんでした」が、最大限の信頼を得るために必要な台詞である。すべての情報を知った上で、何を採用して何を採用しなかったのか、その理由は何かということが明確に説明できなければならない。

● 2　一般ソースと例外

予測を立てるときにありがちなのが、自分に都合の良い予測になるように情

報をつまみ食いすることである。これを英語で「サクランボ摘み」cherry picking という。これをしていると思われるのを避けるには、なるべく同じ情報源を、同じ予測内だけでなく、別の予測を立てるときにも使うことである。もちろん、すべての情報が同じ情報源から取れるわけではないため、原則としてどの情報源を使うのかをあらかじめ決めておき、なぜそれを原則とするのかという理由を決めておく。その後、その情報源からは得られない情報を採用する場合には、なぜそこから逸脱 deviate するのかという理由を示す、というアプローチが合理的である。たとえば、人口のデータベースとして米国のセンサス・データを第一ソースとして用いると決めておく。ところがたとえば中国における有病者数を求める場合には、一般人口を見るよりも、富裕層のみを考慮する方が合理的である場合が多い。こういう場合には中国政府が毎年公表しているデータベースを採用する方が良いので、なぜ例外ソースを用いるのかという理由とともに、元の第一ソースからどの程度の逸脱を示しているのかを書き添えることができればプロの仕事である。

3　すべてのアサンプションに論拠をつける

すべてのアサンプションは、原則的にはそのアサンプションを信じるに足るだけの何らかの証拠によって支えられていなければならない。ありがちなのが、製品担当者の勘 gut feeling によってたとえばマーケットシェアを決めてしまうということである。これでは、担当者が変われば売上予測も変わるということが起こりかねず、経営層からの信頼を勝ち取ることはできないだろう。売上予測の成果物はそれを作った担当者からは独立していなければならない。とはいえコンプライアンスなどの数字は測定も難しく、文献的証拠を挙げることも困難である。そのような場合でも、たとえば社内標準参照値のようなものを作っておいて、わからないときにはこれを参照する、というようにあらかじめ決めておけば、ただ場当たり的に売上予測を立てるよりも信頼できる数字になる。そのような参照値をあらかじめ主要関係者と合意できていればなお良い。

もう一つ大事なことは、そのすべての論拠がいつでも参照できるということである。予測を組み立てた各要素に参照した文献などを添付しておくと、将来他の人が見たときにどのようにして売上を予測したのかということが明確になる。

● 4　変更が追えるようにする

あるプロジェクトについて予測を初めて立てるときにはもちろん一から作らなければならないのだが、過去に同じプロジェクトについて何らかの予測が立てられているような場合も多い。過去の予測はすでに社内で合意がなされているものであり、それがいかにプアなものでも無視することはできない。そのような場合には、以前の予測がどのように構築されているのかということを完全に理解し、それを変える場合には理由と、どの程度変えたのか、その結果どのように売上予測が変わったのかということを明確に示さなければならない。この積み重ねによって、売上予測に継続性を持たせるということが重要である。

● 5　複数の方法で検証する

たとえば需要モデルと疫学モデルの両方が使えるようなプロジェクトに関しては、まずは需要モデルで予測を構築して、疫学モデルでもその予測が大きく外れない、ということを示すことができれば、予測に対する信頼感が著しく上がってくる。あるいは、一つの国だけについて予測を立てる場合でも、他の主要国のデータも参考情報として提示して比較できるようにすることも重要である。たとえば市場調査で得られた日本の薬物治療患者数の比率を、アメリカの薬物治療患者数のデータと比較することには意義がある。

● 6　重要な要素にフォーカスする

売上予測ではそのすべての要素が常にその議論の俎上に載るわけではない。どの要素に焦点が当たるかということはそれぞれの発言者によって違うが、

議論になる要素というのは実は大抵いつも決まっている。むしろ、売上予測担当者としては、この要素だけは経営層と合意を得ておきたい、というような要素が見えてこなければプロとは言えない。いくつかの判断基準を示す。

（1） その要素は外因的であるのか、内因的であるのか

有病者数などは会社としてどうにもならない要素であり、そのような要素を外因的 exogenous であるという。一方、米国における薬価のように企業が自らの判断で決めることができる要素もあり、それは内因的 endogenous な要素である。経営層やマーケティング部門は主に自らコントロールできる内因的な要素に強い関心を持つ傾向にあるので、そのような要素は細かく説明できるようにしておかなければならない。

（2） その要素の確からしさ

要素の中にはかなり確からしいものとそうでないものとがある。不確からしさが大きい要素は、確からしい要素よりは疑問をもたれやすいだろう。たとえば一国の人口などは非常に確からしさが高い要素であると言えるが、たとえば競合の状況などは不確からしさが高いので経営層の関心が集中しやすい。

（3） 感受性の高い要素と低い要素

少しの違いで大きく売上予測が変動してしまう要素もあれば、そうでない要素もある。感受性が高い要素は議論の対象になることが多い。

限られた時間の中で、売上予測についての合意を得るのに、注目度と重要度が高い要素に議論を集中させることができれば、経営層と担当者との間の納得感が高まり、担当者と作られた売上予測とに対する信頼感も増すはずである。

● 7　SOP を作っておく

以上の原則はあらかじめ SOP［標準操作手順書; standard operating procedures］として文書化しておくと良い。SOP を作ることの意義は、無形なノウハウとして各担当者の頭の中に入っている知識を文書として有形化、蓄積してゆくことと、それによって作業及びアウトプットの質を向上させてゆくことである。したがって、SOP は固定的なものではなく、常にアップデートしてゆかなければならないものでもある。SOP の作成には具体的には以下のような利点がある。

（1）　アウトプットの均質化
売上予測の専門部署があるような場合には、部署内の誰に頼んでも同じような売上予測が出てくる必要があり、手順に関するルールを決めておくことはそれを助けることになる。SOP に標準テンプレートのようなものを付けておくと、少なくともアウトプットの見た目の統一感が演出され、経営層の安心感のようなものを引き出すこともできるだろう。

（2）　作業の効率化
たとえば、どのデータベースを第一ソースとするかということをあらかじめ決めておくことができれば、そこで迷わないのでより短い時間でアウトプットすることができるようになる。

（3）　新任担当者へのトレーニング
方法論をあらかじめ文書として示しておくことは、売上予測に関してはまったく経験のない新任担当者の良いトレーニング材料となる。

（4）　売上予測の継続性の維持
アウトプットをどのように取り扱うのか、どこに保管しておくのかというよ

うなルールを SOP にあらかじめ示しておくことによって、売上予測が継続的なものとなることを担保することができる。

（5） アウトプットに関する抗弁材料を与える
何かをするのに複数の方法があって、どれが優れているとは言いきれないときに、どの方法を選ぶべきかということをあらかじめルールとして決めておくと、将来、なぜこの方法を採用したのかという質問に対して答えを用意しておくことになる。作成した SOP をあらかじめ社内の関係者に周知しておけばなお良い。

（6） 各種用語の社内的な一義化
売上予測というのは学問ではないために、特に用いられる様々な専門用語に関する定義が統一されていないものが多い。たとえば「患者フロー」という言葉がある。これは疫学モデルの構築、すなわち有病者数→診断患者数→治療患者数というような意味で用いられる場合もあれば、いわゆるペイシェント・ジャーニー patient journey のような、ある患者が疾病に罹患してから辿る病態の道程のようなものを指す場合もある。このような言葉の意義が社内で統一されていない状況はロスが大きい。SOP に語彙解説のようなものを添付することによって、そのようなロスを防ぎ、特にクロスファンクショナルなチームのコミュニケーションをより円滑にすることができるだろう。

事業性評価の章でも触れるが、このようなノウハウの蓄積こそが会社の見えざる富 unseen wealth の源泉なのである。売上予測の実務はあくまでもバックオフィスでのサポートであるから、一見直接会社に富をもたらさないように見えるかもしれない。しかし、より正確な売上予測を行うことによって、より正しい経営判断を導くことができるのであれば、それこそが製薬企業の富の源泉となるのである。売上予測・事業性評価というのは、極めて付加価値の高い仕事であると筆者は考えている。

Ⅲ
各論編1：医薬品の売上予測

第7章　仕様

各論の第一部では売上予測について論じる。この章では、まずはその仕様format、つまり予測の表現の仕方についてどのようなものがあるのかということについてのイメージを持つことを目差す。その上で、以降の章で、代表的な予測方法である疫学モデルと需要モデルとについて論じ、その後にそのモデルを構成するにあたっての重要なインプットである市場調査、コミュニケーションツールとしてのターゲット・プロダクト・プロファイル、それらに関連して売上予測にとって特に重要な要素であるマーケットシェア、そして最後にリスク・不確実性について順を追って議論して行く。

売上予測はそれを見たい人とそれを実際に作る人とが異なることが多い。実務のプロセスにおいては予測担当者が予測に関する依頼を受けるということによって作業が開始される。その段階では依頼者がどのような形式で予測を見たいのかということを両者で合意しておくことが必要である。このような形式は仕様などと呼ばれる。売上予測の部署間での共有や、複数のプロジェクトの比較、そして予測の継続性を確保するために、この仕様が社内共通の雛形・テンプレートとして作られている場合も多い。

仕様には対象プロジェクト・製品や何の適応症についての予測をするのかということ以外にも期間及び出力単位、地理的範囲などの情報は最低限盛り込む必要がある。予測担当者は作業に取り組む前に、たとえば棒グラフにするのか折れ線グラフにするのかといったスタイルや提出物のファイルの形式などについて要望があるかどうかについて丁寧に確認するのが良い。また、依頼する予測の仕様について依頼者の側から依頼書を提出するという形にして、合意を有形化しておくと、後からの食い違いを防ぐことができる。図7-1にはその一例を示した。

図 7-1：売上予測依頼書の例

売上予測依頼書

依頼日（ / / ）
依頼者又は部署_____
対象プロジェクト_____
適応症 _____
期間：   （ / / ）～（ / / ）
インターバル　年・四半期・月
出力単位　　金額（通貨：）・ユニット数・マーケットシェア（金額・患者数・その他_____）
地理的範囲　全世界・日本のみ・その他_____
市場調査　　無・有（予算規模_____）
目的（具体的に）_____
その他要望（スタイルなど）_____
希望提出期限（ / / ）
※注：提出期限は依頼日より15営業日後以前であってはならない。
　　　　　　　　　　　　　　担当_____

このような依頼書を作っておき、SOPとともに周知しておくと、売上予測の依頼もスムーズになり、依頼の内容が途中でブレる心配も少なくなる。依頼者の側も、どのくらいのリードタイムが必要なのかということについての期待値を調節できると、依頼者自身がどういうものを頼むつもりであるのかについて、ある程度考えてから依頼してくるようになることを期待できる。また、売上予測担当者側の実績管理にも使える。ただし、こういう書類自体が業務の依頼にあたっては障壁となってしまう可能性もあるため、そうならないような配慮が必要である（例えば、関係部署に対してはこの書類の存在をあらかじめ口頭で周知しておくなど）。

それでは具体的に仕様に含まれていなければならない要素について議論して行こう。

● 1　期間とインターバル

我々が普通に期間という場合には二つの要素を含んでいる。一つは予測の期間、つまりたとえば来年から始まって15年後まで予測する、というような場

合で、これは狭義の「期間」とでも言うべきである。もう一つは、月次、四半期、年次といったような「インターバル」に関わるものである。図7-2の例であれば、インターバルは年、期間は2014年から始まって、5年間という具合である。インターバルは年であれば1月から12月、もしくは決算年度（日本の多くの企業では4月から翌年3月まで）ということが多い。一方、期間はこのように絶対的に何年と決まっている場合もあれば、発売から特許切れまで、というような相対的な場合もある。

売上予測の期間というのはその売上予測を立てる目的によって決まってくる。マーケティング戦略を練るためのものであれば、短い期間・短いインターバルの売上予測が、一つひとつの施策に対する市場の感度を評価するに当たって必要になってくる。一方で事業性評価や財務的な目的で予測を行うときには、製品ライフサイクル全般にわたる予測を立てる必要があるだけでなく、特許切れ後に売上がどのような推移を辿るのかということも大事である。詳細は事業性評価の項で触れる。逆に、開発段階が早いプロジェクトの優先順位付けの場合には、化合物に関して得られる情報が少なく、またプロジェクトの漠然とした規模感がわかればそれで良い場合が多いため、ピーク時の

図7-2：売上予測の例 (1)

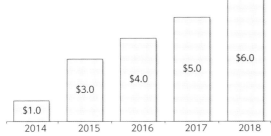

年間売上の概算を評価するだけで足りる場合もある。

2 出力単位

図7-2の例では出力単位は売上金金額（百万米ドル）ということになる。出力の単位の例としては以下のようなものがあるだろう。

（1）　売上金額

財務的な評価を行うとき、つまり事業性の評価を行う時には売上金額を算出しなければならない。また、社内で複数のプロジェクトが提案されており、それらを比較するときにも、それぞれのプロジェクトを金銭的価値に置き換える必要がある。

グローバルに予測を立てる場合には通貨を揃える必要があり、為替が問題になる。先進国間においては、為替の長期的変動に上昇あるいは下降の傾向はないと仮定して、予測時点でのいわゆるコーポレートレートを将来にわたっても当てはめるというのが一般的であり、ピーク売上及びNPVはこのコーポレートレートに感受性がある。

（2）　ユニット数

注射ならバイアル数もしくはアンプル数、錠剤なら錠数、あるいはそれぞれのパッケージの数などというように、製品の物量で表現する必要がある場合もある。ここには為替の概念が無いため、グローバルの需要予測の方法として優れている。また、製造計画の策定や、製造原価の計算のためにも必要な情報である。

（3）　患者数

特に競合の状況を理解するためには患者数を理解すべきである。自社製品がどのセグメントにどの程度浸透しているのかということ、どの程度の伸び代があるのかということを理解できる。主にマーケティングの目的のための指

標である。

（4） マーケットシェア

競合の状況をより良く理解するためにはマーケットシェアを経時的に理解する必要がある。マーケットシェアの詳細については後ほど詳しく触れるが、マーケットシェアをアウトプットとして求めるのであれば、その全体市場を明確に定義しておくことが重要である。たとえば自社製品がビスホスフォネート系の骨粗鬆症治療薬であるとすると、ビスホスフォネートの競合だけを問題にするのか、ビタミン D や RANKL 抗体なども含めて考えるのかということである。さらには、適応外使用、併用薬、配合剤などを含めるとシェアの概念は非常に複雑であり、良く考えて意味のある全体市場を採用することが重要である。

3 地理的範囲

いったいどの国の予測を行うのか、ということである。

特にパイプラインについての売上予測は国単位で行うのが一般的であり、複数の国に関する予測を行うとしても、国ごとの予測を足し合わせる形で予測する。したがってどのような場合に、特にどのような開発段階で、どの国を予測に含めるのかということをあらかじめ決めておき、社内で合意しておくと良い。一般的には開発段階が進めば進むほど多くの国や地域を含める、すなわち、より粒度が高い予測を立てる。開発段階が早く、限られた国の予測しかないときに全世界の売上を推定する場合は、便宜的に予測しない国については適当な係数を掛け合わせて世界予測にかさ上げする。たとえば図 7-3 の例では、日米欧の 7 カ国の予測を独立して行った後で、その 20％がそれ以外の国の売上であるというアサンプションを立てて予測を行っている。このような係数は、過去のデータに基づいてあらかじめ算出しておくことができればなお良い。

図7-3：売上予測の例（2）

仕様

期間： 2014年1月1日から2018年12月31日までの5年間
インターバル： 1年間
出力単位： 百万米ドル
地理的範囲： 全世界、国ごと、主要7か国＋その他の地域

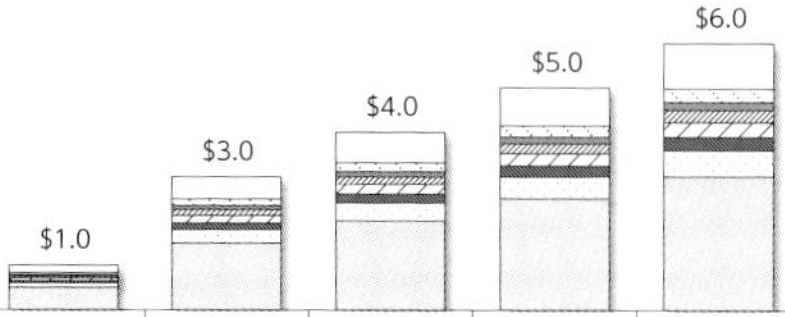

	2014	2015	2016	2017	2018
その他の地域	0.17	0.51	0.68	0.85	1.02
英国	0.05	0.15	0.2	0.25	0.3
スペイン	0.03	0.09	0.12	0.15	0.18
イタリア	0.04	0.135	0.18	0.225	0.27
ドイツ	0.06	0.165	0.22	0.275	0.33
フランス	0.05	0.15	0.2	0.25	0.3
日本	0.1	0.3	0.4	0.5	0.6
米国	0.5	1.5	2	2.5	3
合計	1.0	3.0	4.0	5.0	6.0

主要7か国について各国ごとの売上を予測し、米国以外は米ドルに換算する。
7か国すべてを合算し、その20％をその他の地域の売上として計算して加えた。

第8章　疫学モデル(1)　有病率モデル

疫学モデルは患者数に基づいた売上予測の方法で、複数のアサンプションを積み上げてゆくのが特徴である。この章及び次章では疫学モデルの一般的なアサンプションについて実務的な解説を加えてゆきたい。

1　有病率モデルと罹患率モデル

アサンプションの議論に入る前に、総論編でも少しだけ触れた患者数についての考え方についても議論しておきたい。それはすなわち、有病者と罹患との関係についてである。次の2つの文の違いが分かるだろうか。

- 2015年の日本の予測糖尿病有病者数は7.2百万例である（International Diabetes Federation 2015）。
- 2015年の日本の予測がん罹患数は982,100例である（国立がん研究センター 2015）。

前者は2015年のある時点で日本人全体を調べてみると、糖尿病患者は7.2百万人いたと予測されることを示している。後者は2015年1年間において新たにがんに侵された患者が982,100人いたと予測されることを示している。この両者の概念の違いを図8-1に表した。

図 8-1：有病率と罹患率との考え方

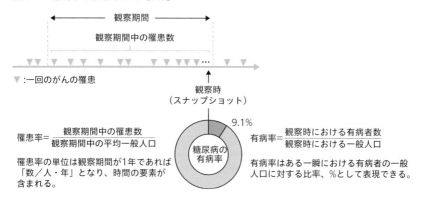

つまり有病率はある一瞬の有病者の頻度を切り取った指標であり（これをスナップショット snap shot と呼ぶこともある）、罹患率はある一定期間内に起こった罹患の頻度を示している。したがって罹患には、有病率にはない時間の次元が含まれている。

有病率に基づくモデル prevalence-based model は、原則的に現時点での有病率が将来にわたって一定であると考えるものである。したがってこの糖尿病の例では、糖尿病の有病者数は少なくとも予想期間中は9.1％で推移すると考える。一方で罹患率に基づくモデル incidence-based model は患者数のダイナミックな変化を再現できるモデルである、たとえば982,100 例が毎年がんに罹患するとしても、それぞれの患者がどのような転帰を辿るのかということ（この患者の転帰をペイシェント・ジャーニーと呼ぶことがある）を理解することによって、実際の薬物の需要の変化を予測することができるようなモデルである。

なぜここで二つのモデルを提示するのかと言えば、それは問題となる疾病の病態の特徴及び（売上を予測しようとしている）新薬の治療上の特徴によって、いずれかのモデルを用いた方が市場の深い理解につながり、将来にわたる予測がより緻密になると考えられるからである。具体的にはそれぞれ以下のような特徴である。

（1） 疾病の特徴

疾病にはその病態の特徴によって有病率モデルを用いた方が概念しやすいものと、罹患率モデルを用いた方が分かりやすいものがある。

- 有病率モデルを用いた方が理解しやすい疾病は慢性疾患で、かつ有病率があまり変化しないと考えられている疾患である。例：糖尿病、高脂血症、関節リウマチ、HIV
- 罹患率モデルを用いた方が良い疾病は急性の疾患や、生涯に恐らく一度しか侵されないような疾患、治癒的な疾患、あるいは致命的な疾患である。例：がん、各種感染症、切迫流早産

（2） 医学的介入の特徴

同様に医学的な介入にも有病率モデルを考えた方が良い場合と、罹患率モデルを考えた方が良いものがある。

- 有病率モデルを考えた方が良いのは、慢性的に必要とされる介入である。例：降圧薬、高尿酸血症治療薬、抗不整脈薬
- 罹患率モデルを考えた方が良いのは、一時的にしか用いられない介入（予防的介入、治癒的介入、延命的介入など）や 1st, 2nd, 3rd line といった複雑な治療フローがあるような疾患である。例：ある種のワクチン、抗菌薬、抗がん剤、C型肝炎治療薬（同じウイルス感染症でもHIVは慢性投与するので有病率を考えた方が良いが、C型肝炎の治療は治癒的であり、今後治療によって患者総数が減少してゆくので罹患モデルを用いた方が患者動態を理解しやすい）

治療フロー treatment flow という言葉は次章で詳しく定義するが、たとえばがんの治療フローと言えば図8-2のようなものである。実際にこの図の中のそれぞれのバケツの中に何人の患者がいるのかということを計算することは、特にがんの場合は至難の業である。なぜならば、複数の治療ラインに跨って同じ薬剤が使われていることもあり、併用もあり、あるいは患者を治療ベースで追跡すること自体に困難があるケースもあるからである。しかし、オン

コロジー領域のマーケティング戦略、及びそれに伴う売上予測には各治療ラインにおける患者数を推定することは致命的に重要である。なぜなら、がん

図8-2：複雑ながんの治療フローまたはペイシェントジャーニー

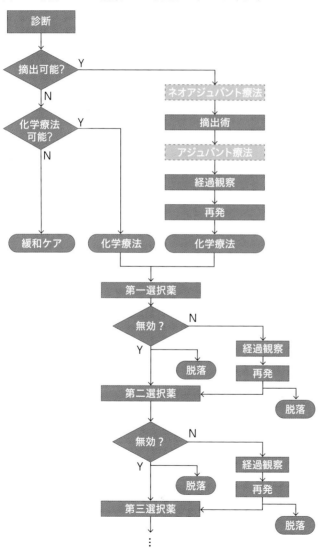

専門医たちの治療選択の際の思考の枠組みは、通常治療ラインに基づいており、また抗がん剤の適応症の記載も、治療ガイドラインの表現もその考え方に基づいたものになっており、したがって開発戦略もその方向性に則らなければならないからである。そのような場合には、罹患率モデルを用いることによって市場への理解を深めることができる場合がある。

（3） 罹患率モデルを用いる必要があるような場合

革新的な医学的介入の登場によって疾病の治療パラダイム treatment paradigm が大きく変わると考えられる場合には、罹患数に基づいた動的なモデルを構築することによってその変動の様子を予測することができる。たとえば画期的な肺高血圧症の治療薬の登場によって患者の生存期間が著しく改善する場合には、それによって肺高血圧症の見た目の患者数が増加すると考えられるが、その増加の程度は罹患数のモデルを用いることによってシミュレートできる。

以上、疫学モデルによる患者数予測にはさらに二つの類型があることを解説した。一般的に見ると有病率モデルは有病率を比較的シンプルな割合で表現でき、いわば静的 static であるのに対し、罹患率モデルはより複雑で、多くのパラメータを必要とし、動的 dynamic であると言える。したがって本章ではまず疫学モデルの中でも有病率モデルについて解説し、次章ではその応用として罹患率モデルを取り扱うこととしよう。

●2　アサンプションの設定

それではケース・スタディとして仮想的な慢性疾患 Z の治療薬である新製品 X を考えてみよう。X は Y という薬効群に属し（例えば、Z は糖尿病、Y は DPP4 阻害薬、X はジャヌビアというような関係である）、2014 年に発売されるというシナリオである。今回の仕様は、期間は 2014 年から 18 年までの 5 年間、インターバルは 1 年、出力単位は米ドルで地理的範囲も米国である。

与えられているアサンプションは以下の通りである。

- 疾患 Z の米国国民における有病率は 0.6％、つまり年齢や性別に関わらず、人口 100,000 に対して 600 人という比率が 2014 年から 2018 年まで一定に維持される。
- 同様に疾患 Z 患者全体の 45％が、疾患 Z であるという診断を受ける。
- 疾患 Z との診断を受けた患者の 74％が、2014 年には何らかの治療を受けている。この治療率は、2018 年には 87％にまで伸びる。
- 薬効群 Y 中のいずれかの製品によって治療を受けている患者の期中平均患者シェアは 2014 年には 30％であるが、これは 2018 年には 33％にまで伸びる。
- 薬効群 Y 中での製品 X の期中平均患者シェア初年度は 2％、2018 年には 8％にまで伸びる。
- 製品 X の患者一人当たりの年間の価格は、2014 年には 200 米ドルだが、以後年率 3％で伸びてゆく。
- コンプライアンス率は 65％で推移する。

このようなアサンプションを基に、将来の売上を予測すると表 8-1 のような表を作ることができる。

表 8-1：疫学（有病率）モデルの例

年	2014	2015	2016	2017	2018
米国推計人口（千人）	318,852	321,363	323,849	326,348	328,857
疾患Z有病率	*0.6%*	*0.6%*	*0.6%*	*0.6%*	*0.6%*
疾患Zの有病者数	1,913,352	1,928,178	1,943,094	1,958,088	1,973,142
診断率	*45%*	*45%*	*45%*	*45%*	*45%*
疾患Zの診断患者数	861,008	867,680	874,392	881,140	887,914
治療率	*74%*	*83%*	*86%*	*86%*	*87%*
疾患Zの治療患者数	641,026	722,736	755,285	761,856	776,650
薬効群Yの患者シェア	*30%*	*31%*	*32%*	*33%*	*33%*
薬効群Yによる治療患者数	192,308	224,048	241,691	251,413	256,294
製品Xの薬効群内患者シェア	*2%*	*5%*	*6%*	*7%*	*8%*
製品Xによる治療患者数	2,846	11,202	14,501	17,599	20,504
患者当たり年平均薬価（米ドル）	200.00	206.00	212.18	218.55	225.10
コンプライアンス率	*65%*	*65%*	*65%*	*65%*	*65%*
予測売上（百万米ドル）	0.5	1.5	2.0	2.5	3.0

2014年から18年までの5年間にわたって、各年の売上を米ドルで予測した。

このように、売上予測は表計算ソフトなどを用いて横軸に時間、縦軸に各アサンプション、すなわち人口から患者数、そして売上金額に至るまでの構築を展開するとわかりやすい。これをさらに可視化した図8-3のような棒グラフを用意すると売上予測は直感的に理解されやすい。

図 8-3：製品 X の売上予測の棒グラフ

仕様

期間：　　　　　2014年1月1日から2018年12月31日までの5年間
インターバル：　1年間
出力単位：　　　百万米ドル
地理的範囲：　　米国

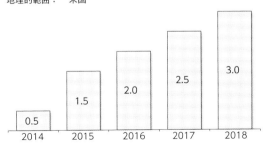

● 3　一般人口

では、各アサンプション要素について議論して行こう。

表 8-1 からもわかる通り、一般人口は疫学モデルの出発点である。疾病によっては有病者数の推計がすでに得られている場合もあり、その場合には一般人口は必ずしも必要ない。しかし、予測が長期にわたる場合には、仮にある時点の有病者数が分かっていても一般人口から出発した方が良い場合もある。なぜなら、仮に有病率が予測期間中一定であると推定しても、人口の推移に合わせて有病者数は変動すると予想できるからである。

各国の人口の推移については、様々な国際機関や国家機関がそれを予測しており、インターネット上に公開されているものも多い。

- The World bank: Population Projection Tables by Country and Group, http://go.worldbank.org/KZHE1CQFA0
- The United States Census Bureau: International Programs, http://www.census.gov/population/international/data/idb/informationGateway.php
- The United Nations: World Population Prospects, http://esa.un.org/unpd/wpp/unpp/panel_indicators.htm

日本では国立社会保障・人口問題研究所が日本人の人口推移についてデータ及び予測を発表している。http://www.ipss.go.jp/

これらの人口動態データについては性及び年齢階層で区分されており、対象疾病の有病率についても性及び年齢階層ごとの推計値が得られている場合には有病者数の将来にわたる予測を立てるにあたって極めて緻密な予測が立てられる。また、低位・中位・高位推計などの各種シナリオに基づく複数の予測を提供している場合も多いため、売上予測においてはどの情報源のどの人口予測シナリオを用いているのかということは明確にしておく必要がある。

● 4　有病率

有病率とはある疾病を有している患者が、ある時に、一般人口に対してどの程度の割合で存在しているのかということを示す指標である。実務的には、当該疾病に関する疫学研究の文献を探してきて当てはめるか、もしくはそれに順ずる公的なデータベースを調査することになる。今日ではいわゆるナショナル・データベースやレセプト・データベースといったようなビッグデータ、リアルワールドデータとも呼ばれるデータベースが利用可能になってきている。有病率はその疾患の一般的な患者数を示しているものなので、その疾患における市場規模を示す典型的な指標の一つである。有病率を考慮するにあたっては以下の点に留意する必要がある。

(1)　有病率は静態指標である

すでに述べたように有病率というのは過去のある時点における患者数を調査した結果計算されるものである。表8-1の例のようにそれを用いて患者数を将来にわたって予測するということはすなわち、過去のある時点でのスナップショットを取って、その状態を未来に向けて外挿するという作業をしていることに他ならない。過去のある時点の有病率と将来の推計人口との積をもって有病者動態を推計しているということは、その前提として有病率は少なくとも予測期間内では大きく変わらないとおいていることになる。そのことを踏まえて、以下の点を押さえておくと良い。

1)　性別及び年齢での階層化

表8-1のようなケースでは、有病率を一般人口全体に対して設定しているので、有病率を一定におくと一般人口が増加傾向にあれば有病者数は合わせて増加傾向をとるということになる。日本のように人口が減少する傾向にある国では、このアサンプションを置く限り有病者数は常に減少することになる。しかし、実際には日本全体としての人口は減少傾向にあるとしても、多くの慢性疾患が問題となる65歳以上の高齢者については2040年までは増加傾向

にあるので(図8-4)、特に高齢者に多い疾患については、単に一般人口の動態に基づいた外挿を行うことは、増加傾向を減少傾向と見誤る可能性があるので気をつけなければならない。また、性別においても、前立腺肥大のようにどちらかの性にしか見られないような疾患だけでなく、関節リウマチのように性別に偏りがあることがわかっている疾患は注意が必要である。

図8-4：日本の年齢区分別将来推計人口（国立社会保障・人口問題研究所 2012）

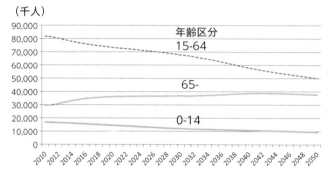

日本は人口全体としては将来にわたって減少傾向にあるものの、65歳以上人口は2040年までは増加傾向にあることが分かる。

2） 病因論

性別及び年齢によって標準化した静態的な有病率を未来に向けて外挿することには、最長で25年程度の予測期間であれば問題は無いと考えられる。しかし、明らかに何らかの傾向が見られるような場合には、単に静態的に外挿するのが適当でないようにみえる場合もある。どのような方法をとるにしてもその方法を支える理論的な裏づけが必要になり、その考え方の一助になるかもしれないのは病因論 etiology である。

疾病の原因は遺伝的素因 genetic factors と環境素因 environmental factors とに分けられるが、その疾患が遺伝的素因によってのみ成り立っているような疾患であれば、ある患者が疾病に侵される確率が将来にわたって大きく変動するとは考えにくい。一方で、感染症のように環境素因からの影響を強く

受ける疾病であれば、C型肝炎のように血液製剤の汚染という原因を突き止めて減少に向かうか、ジカウイルス感染症のようにエマージング疾病として増加するというような傾向が生ずる可能性がある。多くの一般的な慢性疾患の病因は、この両方の素因を組み合わせて成立していると考えられているが、たとえば2型糖尿病のように、環境素因である生活習慣がより強く作用していると考えられる場合には将来に向かって何らかの傾向が生じる可能性は高い。

（2） 文献調査の際の留意点

最近では疫学論文を調査して有病者数の予測を行うサービスを提供するような業者も増えており、それは大変結構なことではあるのだが、有病率を計算している疫学論文というのは非常にトリッキーであり、業者といえどもその取り扱いは苦労するようである。その難しさは、疫学調査の限界そのものにある。疫学調査は普通、サンプル調査によって行う。すなわち、限られたサンプルを用いて頻度の小さい有病者の数を調べ、それを全体に拡大して有病率を推計するのである。したがって、調査の手法によっては得られるデータの信頼度が低かったり、意図した情報とは異なるデータが与えられたりしていることがある。このため、業者のサービスを盲目的に頼るのではなく、自らも文献に目を通すという姿勢が大事である。以下に、疫学論文を読む場合に注意すべき点を列記した。

1） 代表性

観察集団の代表性とは、観察集団が集団としてどれだけその母集団全体と「似ているか」という、その似ている程度のことである。観察集団が偏っているようでは、偏った集団の性質が結果に強く反映されてしまう。実際にはその集団が母集団とすべての面で「似ている」ということを証明することは難しいので、一般的には年齢や職業などの一般属性 demographics と、その他重要だと思われるような属性（たとえばCOPD患者の有病率を調べるときの喫煙率）とが、母集団と差が無いということを示すことをもってその集団の

代表性を担保している。逆にたとえば特定の職業に従事している人だけに行われた健康診断のデータなどは、代表性についての考慮が必要である。

2） 疾患定義

たとえば、ある患者が糖尿病に侵されているということを示すためには、その患者が糖尿病に侵されているという基準を満たさなければならない。しかし早朝空腹時血糖が126 mg/dl以上の患者とHbA1cが6.5％以上の患者とでは患者数に違いが出るだろう。したがって、その疫学文献がどういう定義（診断方法）を使って観察対象を有病としたかということを確認する必要がある。同時に、その定義が自分たちの意図する患者像と合致しているかどうかを確認する必要もある。

3） 診断患者数との違い

調査対象は患者集団ではなく、一般国民を対象にしたものでなければならない。患者集団を調査しても、その患者が一般国民の中にどの程度の頻度で存在するかということはわからない。

(3) 有病率は感受性の高い指標である

たとえば、疾患Zの真の有病率は0.6％、すなわち、疾患Zは100,000人中600人が侵されているような疾患であるとしよう。米国人1,000人を無作為に調査したとすると、その中に疾患Zの患者は6人ほどいることになる（厳密に言うと、1,000人サンプルすると、サンプル集団中に疾患Zの患者が6人含まれる確率がもっとも高くなる）。しかし、あるときに調査をしてみると、たまたま患者が1人多く含まれてしまったものとすると、その調査の結論としては、疾患Zの有病率を0.7％と誤って推定しまうことになる。仮にその調査の結果を誤って採用してしまった場合、売上予測は16.7％も過大に読んでしまうことになる（2018年のピーク売上は3.5百万ドルとなり、0.5百万ドルも過大に評価してしまう）。これが更に稀な疾患となれば、小さなズレの影響はますます大きくなる。このように有病率というのは非常に慎重に調べなければならない要素なのである。良い売上予測のためには以下の二点

を少なくとも押さえておく必要がある。

1） 網羅性

繰り返しになるが、検索を充分に行ってすべての得られる文献を網羅しておく必要がある。良い疫学データは得ることが難しく、文献の数も決して多くはない。

2） 妥当性の検証

望ましくは複数の文献を調査して、数字の違いを把握しておくことである。たとえば、米国の有病率を確認したら、欧州にも同じような情報があるかどうか確認しておき、数字が近いかどうかを把握しておくことは大変意味のあることだろう。

（4） 有病率の外挿

良い疫学データというのは得がたく、特に新興国などではまったくデータが無いという状況もあり得る。そのような場合は、他の国における有病率をその国に外挿するというアプローチもある。ある国における予測を立てるにあたっては、どの国のデータであれば外挿できるのかということを説明するのは、予測担当者の腕の見せ所である。もっとも信頼性の高いデータを採用するのか、それとも民族的に近い国のデータにするのか。疾病固有の状況なども加味しつつ、選択することになる。

5　診断率

（1） 診断率のデータの収集

実際に病院を訪れて医師と面談し、医師による診断を受けた有病者が診断患者であり、診断患者の有病者全体に対する比率が診断率である。すなわち有病者の中から実際には何人の患者にその診断がつくのかという比率を示したものが診断率である。これも得られる情報の質・量によってアサンプションの立て方に工夫が必要になってくる。

1） 診断患者数のデータがもともとある場合

患者の診断は医療サービスの一環として行われるため、医療サービスを地域や国レベルで把握できるようなシステムがある場合には、診断率患者数のデータは比較的得やすい。特に医療保険制度が普及している先進国においては、ナショナル・データベースやレセプト・データベースなどと呼ばれる、保険者がその保険制度の利用状況を把握するための統計がある場合が多く、そのデータをそのまま利用できる場合がある。あるいは難病などの特殊な疾病の場合は、患者登録制度が存在する場合があるので、その登録患者数の情報を利用することができる場合がある。

2） 市場調査

上述のデータが無い場合には、診断率の計算はとたんに難しくなる。まずは市場調査によって情報が得られる可能性を検討することになるが、医師調査を行っても医師は自分が診たことのある患者についての情報しか知らないため、そもそも病院を訪れない有病者については情報が無い。ここで必要なのは有病者集団中の診断患者数であるので、有病者全体を対象にした調査でない医師調査はふさわしくない場合が多い。もっとも希少疾患などの場合で、専門医の数も限られているような場合には、診断患者のほぼ全数を把握することができる医師調査は有効であると言える。一方、患者調査となれば一般国民を対象にするのが良いのか（非常に大きなサンプルが必要になる）、患者集団を対象にするのが良いのか（そもそも診断がついたことの無い有病者を調査対象に含めることは難しい）、非常に難しいところである。

3） 外挿する

次に考えることは他の国や地域での診断率を外挿するということであるが、診断率は有病率が一般現象であるのと違って患者自身の行動に基づく指標であるので、その診断率がなぜその国に当てはまると言えるのかということに関して確実に答えられるような理論的な裏づけが必要であり、そのような情報を得ることは容易ではない。医療へのアクセスの状況が近いか、患者の一般属性や所得などは同じなのか、その疾患の治療に対するニーズなども同じ

と言えるのかというようなことを、十分に理解し、説明することが求められる。

4） 逆算する（リバースエンジニアリング）

最終的な手段としては、現在の薬物治療患者数から診断患者数を類推して診断率を計算するアプローチがある。つまり、現在分かっている治療患者数から逆算してくるのであり、これはリバースエンジニアリングなどと呼ばれることもある。現在の薬物使用患者数を販売統計から計算して、医師調査を行って診断患者中の薬物治療患者数の割合を推計できれば、全体の診断患者数が推計できるので、それを用いて診断率を計算するのである。今実際にこれだけ製品が売れているので、患者数はこのくらいと推計できるから、それに基づいて診断率を計算する、ということである。

図8-5：アサンプション構築の一般プロセス

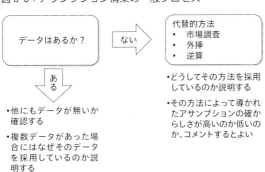

この思考プロセスは、診断率だけでなく一般的にアサンプションを置こうとする際に辿るプロセスである。すなわち、データがある場合にはそれを利用するが、そのものずばりのデータが無い場合には、市場調査で得るのか、外挿するのか、逆算するのかといった他の方法を考えることによってアサンプションを構築するのである。その際には、どういう理由でその方法を採用したのかを説明するとともに、そのアサンプションの確からしさが高いのか低いのかということについて説明できなければならない。

（2） 低診断率の原因は何か

このようにして診断率を求めるということには非常に重要な意味がある。すなわち、総論編でも述べたように、診断率を精査することによってマーケティングレバー marketing lever が見えてくるのである。たとえば、対象疾患の診断率が非常に低い場合にはその理由を吟味することによって、製品の価値最大化につながる戦略の策定に直結する着想が得られることがある。低診断率の理由として一般的なものをいくつか挙げてみよう。

１） 疾患概念の理解が進んでいない

これは患者の場合と医師の場合と両方あり得る。つまり、たとえば子宮内膜症のような疾患であれば、単に「生理が重い」という一般的な現象であると患者が考えてしまって病院を訪れないという可能性もあれば、たとえば多発性硬化症のような疾患の場合、症状が非特異的であることや、専門的な知識が開業医に無いためなどの理由によって疾病の可能性に気がつかない場合もある。このような場合には市場調査を行い、医師と患者どちらに疾患認知が欠けているのかということを理解することによって、適切な啓発プログラムを策定できる。啓発プログラムの診断率に対する影響を予測出来れば、売上に対する効果も予測でき、付加価値分析を実施できる。

２） 無症候性の疾患である

たとえばＣ型肝炎のように、最終的に肝細胞がんにまで到達することがわかっている重要な疾患であっても、現時点で患者に症状が無いために医療へのアクセスが起こらないという状況があり得る。このような場合も適切な啓発活動が有効である場合がある。

３） 専門医への照会

双極性障害のように専門医による診断が必要な疾患の場合には、適切に専門医への照会が行われるようなネットワークが必要であるし、さらにその疾患を適切な専門医に振り分ける能力を開業医の側が持っていなければならない。そのための診療ガイドラインなどの環境整備は重要なマーケティングレバーとなり得る。

● 6 患者シェア

シェアという概念は、一つの市場を想定したときに、その市場内の顧客の製品の購買行動をある製品がどの程度占めているかということを示すものである。シェアの考え方については後ほど詳しく解説するが、ここでは簡単に触れておく。

表8-1の予測においては、シェアを薬効群シェアと薬効群内製品シェアとの二段階に分けて表現していた。薬効群シェアとはこの場合薬効群 Y の治療患者全体に対するシェアを示している。薬効群内製品シェアはその薬効群 Y の中で製品 X がどの程度のシェアを獲得するのかということを示している。具体的な例では、降圧剤市場にはカルシウム拮抗剤、ACE 阻害薬、ARB が薬効群として存在し、ARB にはブロプレス、ディオバン、ニューロタンなどの製品ブランドがそれぞれあるということである。このように患者の治療選択肢を薬効群と、薬効群内製品との二つの段階に分けて考える方がよりマーケットを理解しやすい場合がある。なぜならば、それは医師の処方動機の形成過程と強く関連していると考えられるからである。医師における薬効群の選択は主にその薬効群の持つ薬効そのもの、その機能価値 functional value に注目しての選択であるのに対して、薬効群内での製品の選択は主にその製品を売っている企業であるとか、訪問 MR であるとかいったいわば情緒価値 emotional value により強く影響されての選択であると考えることができる。もちろんこれはあくまでも相対的にそのように考えられるというだけで、医師の中には、たとえばニューロタンよりもブロプレスの方が、有効性が高くて安全であると信じて処方行動を決めるものもあるであろう。しかし、同一薬効群内の製品どうしの関係は異なる薬効群の製品どうしの関係と比較して機能面で差別化されていないと考えるべきであるから、マーケティング戦略立案の上で、薬効群シェアの拡大を目指すことと、薬効群内の製品シェア拡大を目指すこととを区別して考えるためにこの構築は意味があるのである。そして、売上予測をこの構築に基いて立てることによって、それぞ

れのシェア拡大による定量的なインパクトを評価できるのである。

図8-6：患者シェアにおける薬効群の考え方

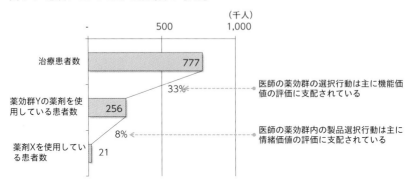

患者シェアを予測するにあたっては、市場調査が欠かせない。もっとも一般的に行われているシェアの予測のための市場調査は医師コンジョイント分析と呼ばれるものであり、これは医師の処方行動を定量的に理解するためには欠かせない調査方法である。市場調査についても後ほど詳しく触れるが、コンジョイント分析の優れている点は、製品の選好について参加者集団がどのような「価値システム value system」を用いて評価しているのかということを包括的に理解できる点である（Dolan 1990）。このシステムの中に新製品の仮想プロファイルを当てはめれば、その新製品が発売された後のシェアを予測できるだけでなく、各製品特性の定量的な価値も推定できる。

● 7　サブセグメント分類

マーケティング論でいうセグメンテーションとは、顧客集団の中に
- 異なる購買行動を取る傾向がある小集団 segment であって
- 一般属性等によってその小集団に所属する顧客を同定可能であるもの

が存在する場合に、その顧客集団の中の小集団を定義して異なる戦略を採用することによって、顧客に対する営業活動の効率を上げることを目的とする戦略のことであり、同じ販売目標をより低いコストで達成するということが

狙いである。これを医薬品のマーケティングに応用すると、具体的には患者（または保険者）の willingness to pay（WTP：財またはサービスの提供を受けるために顧客が支払いたいと思う対価の額）が異なる、すなわち医療に対するニーズの程度が異なる小集団を分類・同定することができれば、それぞれの集団内の患者シェアのアサンプションを別々におくことによってより精密な売上予測につながるだけでなく、より営業努力を注ぐべき医師集団に対する理解も深まる場合がある。また開発品の場合は、このセグメントの切り分けに用いるアサンプションは、適応症及び添付文書の記載と関連してくるので特に重要になってくる。

(1) 重症度によるセグメンテーション

同じ疾患に侵されている患者であっても、たとえば重症度が違えば使う薬も違ってくるだけでなく、そもそも薬を使うかどうかという判断も違ってくる。一般的には重症な患者ほど薬が処方される頻度が高まるだろうし、より高いWTPを示すと予想され、より高価な薬を使う可能性が高いだろう。したがって疾患を重症度別のセグメントとして考えることには意味がある。

このとき、どのような基準でセグメントの切り分けを行っているのかということ考えることが重要である。たとえば、医師によってセグメントの定義が違うような状況では市場調査を行ったとしてもその結果も輪郭があいまいなものになってしまうだろう。セグメント分類が疾患の治療ガイドラインに明記されているような場合にはそのガイドラインの分類を用いることは合理的であるが、調査対象の医師がそのガイドラインの分類を意識して質問に答えているかどうかを確認しなければならないし、またそのようなガイドラインがない場合には、医師が何をもってセグメントを切り分けているのかを確認する必要がある。

もう一つ重要なことは、ガイドラインに沿ったセグメントの切り分けはあくまでも臨床的な区分であるということである。したがってセグメントごとにWTPが本当に異なるのかどうか、確認する必要がある。たとえば日本緑内

障学会の発行している緑内障診療ガイドライン第3版によれば、狭義の原発開放隅角緑内障と正常眼圧緑内障とでは臨床上の区分はあっても治療方針は基本的に同じである。したがって、この両セグメントにおいて異なったWTPを示すかどうかは必ずしも自明ではない。

(2) 治療フローによるセグメンテーション

患者がまだ一般開業医にかかっている段階と、専門医に照会された後の段階とでは、使用される医薬品も変わってくるし、WTPも変わってくるだろう。したがって、どのような患者が専門医に照会されるのか、実際に患者が専門医に照会される頻度はどの程度なのかということを理解することは重要である。

また、患者が診断を受けた後の最初の治療が奏功しなかったとき、あるいは当初は奏功していたがしばらくたって二次的に無効になってしまったときに、治療を切り替えるということがある。この場合、最初の治療を第一選択薬 1st line treatment、切り替えた後の治療を第二選択薬 2nd line treatmentと呼ぶが、それぞれの治療に対する選択に傾向がある場合がある。したがって 1st line 治療を受けている患者とそれ以降の患者とをセグメントに分けて考えることには大きな意味がある。これについては次章でより詳細に述べる。

●8 コンプライアンス（率）

表8-1の例では2018年における年間の患者一人当たりの薬価として225.10米ドル、コンプライアンス compliance 率は65%であるというアサンプションをおいている。

コンプライアンスという単語は、もともとは医療者の指示にどの程度患者が従うかという程度を表現している。近年では「アドヒアランス adherence」であるとか「コンコーダンス concordance」であるとかいった単語が導入され、若干の混乱を招いているが本書では問題にしない。売上予測で言うとこ

ろのコンプライアンス率CRの定義は年間の患者数をx、期間を通じて用法・用量どおりに投薬を受けたと考えたときの消費量をa、実際の期間中の全消費量をCとした場合に

$$CR = \frac{C}{xa}$$

として表現される。すなわち、コンプライアンスによって表現されるのは、患者数と用法・用量から計算される理論的な消費量と、実際の消費量との違いである。たとえば毎月一回、一か月分の薬の処方を受けなければならない慢性疾患の患者のケースを想定してみる。

図8-7：コンプライアンスの考え方

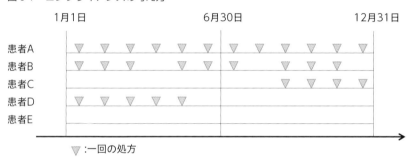

患者Aは理想的な患者。患者Bは4カ月に1回の頻度で処方が無い患者。患者Cは9月から処方を新たに開始した患者。患者Dは継続して処方されていたが、5月を最後に処方を終えた患者。患者Eは年間一度も処方されていない患者。

図8-7はいくつかの典型的な処方パターンを並べてみたものである。ここでは患者Aはこの観察期間以前に診断を受け、観察期間中は毎月必ず通院し、飲み忘れの無い、几帳面な、理想的な患者である。これに対して患者Bは飲み忘れ、あるいは別の何らかの理由で四回に一回のペースで服薬しないため、結果的に四ヶ月に一回は処方されない患者である。患者Cは観察期間中に新たに診断を受け、処方を開始した患者であり、患者Dは観察期間中に何らかの理由で服薬を中止した患者である。患者Eは診断の有無とは関係なく処方を受けていない。

さて、患者数をどのように考えるかということは、患者数データをどのように集めているかということに依存している。たとえば診断率の項で述べたようなレセプトデータを基にして診断患者数を算定しているような場合には、良く見られる診断患者数の算定法は「期間中に一度でもその診断を受け、それに伴う処方を受けたことがある患者をすべてカウントする」という方法である。このケースではAからDまですべての患者をカウントする(x=4)。それに対して▽の数をすべて数えてみると30であるのでこの場合のコンプライアンス率は$CR = \frac{30}{12 \times 4} = 62.5\%$ということになる。

これに対して、何らかの方法で期中中間点での患者数を測定することができるとしよう。その場合には6月末の時点で定期的に投薬を受けている患者はA, Bの2名しかいないのでコンプライアンス率は$CR = \frac{30}{12 \times 2} = 125.0\%$ということになる。一方、期末時点での患者数であればA, B, Cの3名であるので、$CR = \frac{30}{12 \times 3} = 83.3\%$ということになる。ここから判るように、特に期中に投薬状況を変化させる患者がいるために、患者数の測定・推移方法によってコンプライアンスの考え方は変わってくるはずである。特に発売直後は、患者は増加傾向にあるために期末患者数や処方箋データを用いると実投薬患者数を過大評価することになる。

実務的に有効な方法は、投与レジメンと疾患が同じか近い類薬を探し出して、自分の予測と同じ方法で患者数を把握した上で実消費量を市場データから割り出してコンプライアンス率を計算してそれを使うことである。そのためには、いったい何が類薬なのかということを考えるために、何がコンプライアンスに影響を与えうる因子なのかということを理解する必要がある。それを整理してみたい。

(1) 剤形
プレフィルドシリンジとオートインジェクターとでは患者の選好度が異なるということは知られている (Lim et al. 2012)。剤形によってコンプライアンスが異なることは良く知られている。

（2） 投与頻度

投与頻度が高ければ高いほど服薬コンプライアンスが悪くなるということは知られている（Osterberg and Blaschke 2005）。これに関係して、たとえば休薬期間が存在するような疾患では、休薬期間後に再び投与を始めるところに心理的なハードルがある場合があり、継続して投与されている患者よりもコンプライアンス率が低下する場合がある。

（3） 薬理学的特性

副作用がある薬剤では服薬コンプライアンスが悪くなるということが知られている。また、一次無効及び二次無効の頻度は、特に今回の例のように、期中に一度でも処方が起これば処方患者数としてカウントしてしまうような測定・推計法を用いている場合には、期中の投薬状況の変更となるため直接コンプライアンスに影響を与える要素になる。

（4） 治療の価格

患者の金銭的負担が大きい疾患ほど服薬コンプライアンスが悪くなるということは知られている。

（5） 合併症の有無

精神疾患、特に鬱を併発している患者の服薬コンプライアンスは悪いことがわかっているので、疾患側の要素として鬱を合併症として高頻度に伴うような疾病の治療薬の服薬コンプライアンスはその影響が考慮されなければならない。

（6） 症状の有無

無症候性の疾患は、服薬コンプライアンスが悪いことも知られている。

（7） 用量調整の可能性

たとえば錠剤の場合、患者が割錠して自ら用量を調整して投薬するというような場合だけでなく、臨床的な理由から医師の方が積極的に用量を調整するような場合もあり得る。ある薬の医師における使用経験が蓄積された結果、臨床経験から医師が承認用量と異なる用量の処方を行い始めるという現象をdose creepingなどと言い、これが見た目のコンプライアンス率に影響を与える可能性がある。

（8） 製品ライフサイクル

医師や患者が新製品の処方に慣れて行くということもコンプライアンスに影響を与える可能性がある。

コンプライアンスというのは患者側の要素と処方側の要素とを包括した概念であるので、理論的に組み立ててゆくというよりも測定データを外挿するのが良いようである。Claxtonらのレビュー文献によれば、コンプライアンスを評価した76文献をレビューした結果、平均コンプライアンス率は71%であり、一日あたりの投薬頻度が増えるに従って79%から51%にまで減少していった。筆者の経験から言っても、コンプライアンス率をこの範囲内に収めると経営層からの合意を得やすいようである。

図8-8：薬剤の投与頻度別のコンプライアンス率。エラーバーはコンプライアンス率の標準偏差を示している（Claxton et al. 2001）。

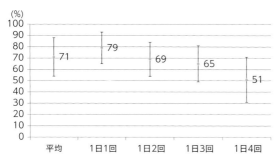

● 9 　価格

医薬品たる製品の価格をどのように予測するのかという問題は、売上予測の最大の課題であると言っても過言ではない。医薬品の価格を考えるときに我々がまず考慮しなければならないのは、医薬品の価値の考え方である。それには大きく三つの説がある。

1. **固有価値説**：医薬品にはその物的性質に見合う何らかの固有の価値があり、その価値に対して価格は究極には絶対的に決定されうるという考え方。
2. **市場決定説**：医薬品の価格は市場が決定する。すなわち、価格は基本的には製品の需要の大きさと供給側の市場の独占度とによって決定されるという考え方。
3. **投資回収説**：医薬品の価格は医薬品の研究開発にかかる投資の大きさに見合うものでなければならない。逆に言えば、製薬企業はその行っている投資を回収できるだけの価格を医薬品につける。すなわちこれはイノベーションに対する国民の投資なのであるという考え方。

医薬品の価格決定の方法は国によって異なるが、それは大きく三つの類型に分けることができる（Schoonveld 2011）。

（1）　直接統制方式

日本やフランスなどがこれに該当し、すなわち薬価を公的セクターが決定する方法である。公定価格の決定方法は主に参照方式であり、参照方式には内部参照、すなわちすでに国内で発売されている医薬品の価格を参照する方式と、外部参照、すなわち海外の薬価を参照する方式とが存在する。内部参照においては参照される医薬品に対して、新薬がどの程度の臨床的改善をもたらしうるかということがデータをもって示され、それに対して加算という形で薬価を調整するという方法がとられる。これは上述の方向性の中では固有価値説に近い考え方である。一方で、参照すべき医薬品が無い場合には、特

に日本では原価計算方式が採用されるため、投資回収説に近い考え方を採用しているといえる。あるいは市場拡大再算定なども、市場が拡大することによって、企業は既に充分に投資を回収できているので、薬価を引き下げてもかまわない、と当局が考える場合には、それは投資回収説に近い考え方であると言える。

（2） 関接統制方式

ドイツや英国などがこれに該当し、すなわち医薬品の償還価格を公的セクターが決定する方法である。製薬企業は形式的には薬の価格を自由に決定することができるが、患者は償還価格との差額を自己負担しなければならないため、償還価格を上回る価格がついた医薬品は著しくマーケットシェアを損なうことになる。したがって、実質的には製薬企業は償還価格にあわせて価格を設定するため直接統制方式と大きな差はない。ドイツでは医薬品を参照グループに割り当てて、参照グループ内で償還価格を一定にしているため、一種の内部参照と言える。あるいは英国では医療経済モデルに基づく費用対効果分析によって償還価格を決定している。いずれの場合も固有価値説に基づく価格の考え方である。

（3） 自由薬価

先進国の中で唯一製薬企業が実質的に自由に薬価を決定できる国が米国である。自由薬価は市場決定説に基づく考え方である。しかし、米国といえどもメディケア・メディケイドといった公的保険システムが存在し、メディケア・パートDのように少なくとも部分的には政府が価格統制を行うようになってきている。このような自由薬価は、米国以外では公的な医療保険制度が充実していない新興国市場でもその類型がみられる。この方式が採用されている国での薬価は、それが統制されている国とは全く異なる振る舞いを示す場合がある。たとえば、米国では多発性硬化症や抗TNF抗体製剤の薬価は発売後一貫して継続的に上昇していっており、これは他の先進国では見られな

い現象である。

薬価を予測するためにはペイヤー・サーベイと呼ばれる保険者を対象とした市場調査を行う。パイプラインのグローバル売上を予測する場合には、筆者の経験では図7-3のように日・米・欧州5か国については国ごとに売上を予測して他の国はかさ上げするという方法を取ることが一般的であったが、発売時の薬価については自由薬価を採用している米国だけは異なる価格を設定し、外部参照方式を少なくとも部分的に採用している日本と欧州とでは共通の価格を設定するという方法を採用することが多かった。また価格のダイナミクスも、米国では類薬の動向を見ながら価格の上昇率を予測し、その他の国では、価格は、独占期間中は一定とみなすケースが多かった。

この章で解説した構造はあくまでも一例であって、最終的に売上予測を立てるのに必須な構造ではない。しかし、この患者数から始まる構造は一般的に普及していて、経営層もこの構造を見慣れている。見慣れているモデルを提供することは合意形成の上で不必要な議論を防ぎ、真に合意しなければならない部分の議論に短時間で入ってゆくことができるということでもある。

参考文献

Claxton, Ami J., Joyce Cramer and Courtney Pierce. 2001. "A systematic review of the associations between dose regimens and medication compliance." *Clinical Therapeutics* 23: 1296-310.

Dolan, Robert. 1990. "Conjoint Analysis: A Manager's Guide," *Harvard Business School Case* No. 590-059

Internationa Diabetes Federation. 2015. IDF Diabete Atlas 7th edition. Accessed January 27, 2016. http://www.diabetesatlas.org/

Lim, Wai H, Doris Chan, Neil Boudville, Susan Pellicano, Helen Herson, Harry Moody, Brian Hutchison, Marianne Snedeker and Gursharan Dogra. 2012. "Patients' Perceptions of Subcutaneous Delivery of Darbepoetin Alfa by

Autoinjector Prefilled Pen versus Prefilled Syringe: A Randomized, Crossover Study." *Clinical Therapeutics* 34: 1948-53.

Osterberg, Lars, and Terrence Blaschke. 2005. "Adherence to Medicine." *The New England Journal of Medicine* 353: 487-97.

Schoonveld, Ed. 2011. *The Price of Global Health*. England: Gower Publishing

国立がん研究センター. 2015. 2015年のがん罹患数、死亡数予測. Last modified April 28. http://www.ncc.go.jp/jp/information/press_release_20150428.html

国立社会保障・人口問題研究所. 2012. "日本の将来推計人口（平成24年1月推計）出生中位（死亡中位）推計（2010〜2060年）表1-1　総人口、年齢3区分（0〜14歳、15〜64歳、65歳以上）別人口および年齢構造係数" Accessed January 27, 2016. http://www.ipss.go.jp/syoushika/tohkei/newest04/s-kekka/1-1.xls

コラム：NHANES データ

その国で必要なデータが得られないような場合の解決策の一つに、他国のデータを外挿するという方法があることは述べた。そのようなデータがもっとも充実している国の一つが米国だろう。米国にはいくつもの疫学に関するデータベースが存在するが、その中でも売上予測に有用なものとして National Health and Nutrition Examination Survey; NHANES と呼ばれる公開データベースがある。これは米国の一般国民を対象にした健康と栄養状況との調査であり、血液検査や問診、健康診断などの健康状態に関する情報を包括的に記録している。サンプル数は凡そ 10,000 で、米国全国民に対する代表性を保てるように工夫してデータを集めている。1971 年から行われている調査であり、そのデータはウェブサイト上で公開されている。

http://www.cdc.gov/nchs/nhanes.htm

このサイトのホームページから Questionnaires, Datasets, and Related Documentation という項目をクリックすると誰でも過去に集められたデータにアクセスできる。データは SAS 形式で記録されており、Excel や Access に取り込んで分析することも可能である。

第9章　疫学モデル(2)　罹患率モデル

臨床の現場では、あるとき人が疾病に侵され、診察・診断の上で通常は複数の選択肢の中からある医薬品を処方され、必要に応じて投薬を続け、あるいは投与量や頻度を調整し、やがて何らかの理由（治癒、無効、増悪、死亡など）で投薬を終了するということが起こっている。有病率モデルでは、そのような一人ひとりの患者の運動をいわば包括的に集合的に捉えて単純化している。だが、実際に起こっている出来事はより複雑であり、今後マーケットで起こる様々な出来事を予測するにあたっては、もう一段階細かいところまでシミュレートしたモデルによる説明が有効である場合がある。

たとえば新薬の浸透ということについて考えてみよう。その浸透速度に対して影響を与えている要素は大きく分けて二つあり、すなわち医師における新薬のプリファランスシェア[2]と一連の治療における患者のふるまい（罹患から治癒、死亡に至るまで）とである。この二つを数理的にモデル化してシミュレートすれば、新製品の浸透速度の予測は可能なはずである。特に新製品の上市後の浸透速度の予測については、発売前の化合物については実績データが存在しないため、このようなシミュレーションが大いに役に立つ。

● 1　フローとストック

新薬の浸透をシミュレートするにあたってまずはフロー flow とストック stock という概念を理解したい。前章で解説した通り罹患率は時間の次元を含むが有病率はそれを含まない。時間の次元を含む要素はフローであり、含まないものはストックであるという。

---

[2] プリファランスシェア preference share とは市場調査参加者の総体としての頭の中での各製品の選好度に関するシェアのことを示す言葉である。第11章で詳細に議論する。

図 9-1：フローとストック

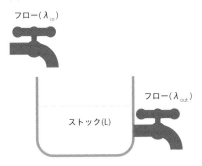

図 9-1 はフローとストックとの概念図である。この図で示すところは、水が上の蛇口から流入し、いったんバケツに滞留してから下の蛇口から出てゆくということである。λ_{in} と λ_{out} とはそれぞれの蛇口の流入あるいは流出速度を、L はバケツに滞留している水の量を表している。これを罹患率と有病率として言い換えると、λ_{in} は罹患率を表現し、L はその時々の疾病の患者数、λ_{out} はいわば治癒率（あるいは死亡率、あるいはその両方）とでもいうべきものを表していることが理解されるだろう。あるいは、上の蛇口はある医薬品 X の採用率、バケツの水は X のその時の治療患者数、下の蛇口は治療の脱落率を表現することもできる。

L が経時的に一定であるときは $\lambda_{in} = \lambda_{out}$ である。また $\lambda_{in} \neq \lambda_{out}$ の場合に L は変動する。ここで L は時間の関数と考えられるので時間 t における L を L_t とし、時間 0 における L_t を L_0 とすると、①式のように L_t を表現できる。

$$L_t = L_0 + \sum_0^t (\lambda_{in} - \lambda_{out}) \cdots ①$$

つまり L_t は初期値である L_0 と、λ_{in} と λ_{out} との時間 t までの差異の累積との和であると考えることができる。また、この式からも判るように $\lambda_{in} = \lambda_{out}$ であれば $L_t = L_0$ となり、L は初期値のまま一定である。このように時間の経過に従ってある量が確率的に変動する場合に、その量は確率過程 stochastic process に従うという。

● 2　患者動態のシミュレーション

さて、ここで現在日本国内に患者が 10 万人いるといわれるある疾患 D を考えよう。疾患 D の患者数は 10 万人で安定しており、毎年 5 千人の患者が疾患 D に罹患する。すなわち L_0=100000、単位時間を 1 年とすると λ_{in}=5000 である。この疾患に対して効果があることが知られている医薬品 X があり、単純化のためにすべての疾患 D 患者がこの医薬品の継続投与を受けているとしよう。この例を模式図に表すと図 9-2 のようになる。

図 9-2：医薬品 X のシミュレーションモデル

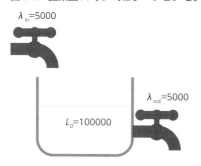

患者人数が安定しているという前提から、λ_{out}= λ_{in}=5000 である。疾患 D のすべての患者が医薬品 X の投与を受けている状態であり、で L=100000 で安定している。またここでは疾患 D の患者は有病期間などの条件とは無関係に、前年末に侵されていた 100000 例の中から無条件・無作為に 5000 例が脱落すると考えよう。すなわち、前年のすべての患者について均等に 5%の確率で脱落して行くという想定である。

さて、ここで医薬品 X の競合となる新薬 Y が新たに上市されると想定しよう。医師に対する市場調査の結果、医師は、新たに疾患 D に罹患する患者全体の 40%に対して、新薬 Y を使ってみたいと思っているということがわかったとする。ここで医師の選択肢が生じ、その薬剤に対するプリファランスシェアが問題になる。さて、新薬 Y の浸透はどのような経緯を辿るだろ

うか。

表 9-1：新薬 Y の患者浸透のシミュレーションモデル

年	0	1	2	3	4	5	6
λ_{Yin}	0	2,000	2,000	2,000	2,000	2,000	2,000
L_Y	0	2,000	3,900	5,705	7,420	9,049	10,597
λ_{Yout}	0	0	100	195	285	371	452

Y は年 1 の 1 月 1 日に発売になるとし、Y の λ_{in} を λ_{Yin} と表記すると、λ_{Yin} は全体の λ_{in} が常に 5000 であることから期間中は常にその 40％である 2000 となる。年 1 の λ_{Yout} は年 0 の L_Y の 5％であるのでやはり 0 である。年 1 の L_Y は前年からのキャリーオーバーが無いので年 1 の λ_{Yin} がそのまま当てはまり、2000 となる（ここでは L_Y は期末患者数であるとする）。さて、年 2 では λ_{Yin} は同じく 2000 となるが、λ_{Yout} は年 1 の L_Y=2000 の 5％であるので 100 となる。したがって L_Y は前年からのキャリーオーバーが 2000-100=1900 となることから、これに年 2 の罹患患者数 2000 を足して、3900 例となる。以後同様の計算を繰り返すと表 9-1 のような経緯を辿ることになる。これを図に表現したのが図 9-3 である。新薬 Y の浸透度を示す L_Y の傾きは最初大きいが時間が経つにつれて緩やかになってくるのが理解されるであろう。なお、図 9-4 と表 9-2 とは同じシミュレーションを製品 X について行ったものである。それぞれの変数について X と Y とを足し合わせると、どの時点でもやはり L=100000、λ_{out}=λ_{in}=5000 となっていることがわかる。

この新製品 Y に関する患者浸透シミュレーションでは常に λ_{Yin} > λ_{Yout} となるので L_Y は λ_{Yout} が 2000 に近づくまで増加し続ける。λ_{Yout} が 2000 に近づくのは L_Y が 40000 に近づくとき、すなわち患者シェアが 40％に近づくときであり、このシェアは市場調査によって導き出された医師のプリファランスシェアの結果と整合することがわかる。どれだけ早くそこに到達するかということは λ_{in} 及び λ_{out} の値、つまり患者のターンオーバーに依存する。図 9-5 は λ の値を様々に変えたときのアップテイクの軌道である。すべての曲線は L=40000 が漸近線となり、ピーク患者シェアは 40％であるが、そこに

到達するまでの期間が異なることが理解されるであろう。

図9-3：新薬Yの患者浸透シミュレーション曲線

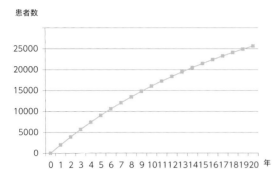

図9-4：製品Xの患者数シミュレーション曲線

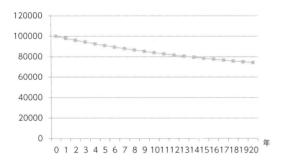

表9-2：製品Xの患者数のシミュレーションモデル

年	0	1	2	3	4	5	6
λ_{Xin}	5000	3000	3000	3000	3000	3000	3000
L_X	100000	98000	96100	94295	92580	90951	89404
λ_{Xout}	5000	5000	4900	4805	4715	4629	4548

図9-5：様々なλをとる場合の新薬Yの患者浸透シミュレーション曲線の変化

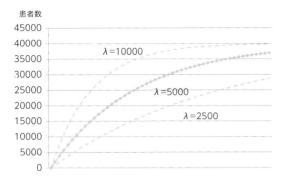

● 3　アサンプションを調整する

この例では製品Xと新薬Yとのターンオーバーが同じであると想定するなど、極めて単純化されているモデルを用いているが、新薬Yに関するアサンプションを変えることによってモデルを調整することができる。たとえば、前年の患者数から一律に5%脱落するというような前提の代わりに、図9-6のように患者の脱落率の経時的推移を想定することもできる。図9-6は、横軸にある疾患Dの患者に対して製品Xが投与されてからの時間、縦軸にはその患者が製品Xから脱落しないで残っている確率を示している。すなわち、この図は疾患Dの患者が製品Xから脱落する場合の脱落率の推移を想定している。この図の指し示すところは、疾患Dに罹患し製品Xの投与を開始した患者は、10年間で75%が何らかの理由で脱落し、20年間で半減し、40年かけて全員が脱落するというフローを表している。このモデルでは、罹患してから1年しか経っていない患者の集団（これを罹患歴1年コホートと呼ぼう）からも、罹患歴39年コホートからも同じように、そのコホートの罹患当初の患者数の1/40ずつ脱落者が出るとする。

図9-6：疾患Dにおける製品Xからの累積脱落率

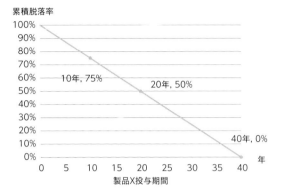

ここで、新薬Yのアサンプションを少し変えて、製品Xと比較して薬理学的に優れているために脱落率がXに比べて低く、患者の半分が脱落するまでの期間が25年間であるという設定にしてみよう。図9-7のように脱落率の直線が少し持ち上がるのである。

図9-7：疾患Dにおける新薬Yの累積脱落率

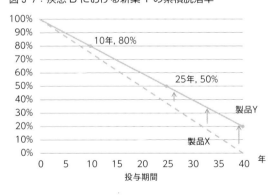

このモデルを患者数ストックの浸透シミュレーション曲線に当てはめてみたのが図9-8である。脱落する患者がより少ないのであるから、新薬Yの浸透シミュレーション曲線の形状は変化し、同じ時点での獲得患者数はより多くなる。

図 9-6 及び 9-7 はいわゆるカプラン・マイヤー曲線であり、図 9-7 は製品 X と新薬 Y との互いに異なる製品プロファイルを表現していると言える。このように異なるプロファイルを持つ製品をフロー・ストックのモデルでシミュレーションすることによって、患者数のアップテイクカーブが描ける。

図 9-8：新薬 Y の脱落率が低い場合の患者浸透シミュレーション曲線

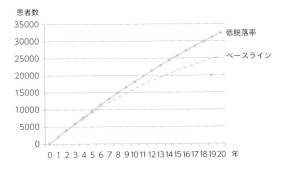

4　複雑な治療フローへの対応

さて、現実の患者のふるまいは決してシンプルなものではない。たとえば、疾患 E には治療薬 A と B とが存在するとし、A は B よりも先に用いられるいわゆる 1st line 治療薬であると想定しよう。その様子を模式的に示すと、図 9-9 のようになる。

図 9-9：疾患 E の治療フロー

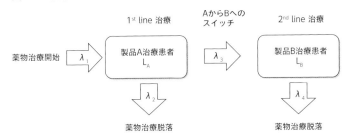

このように治療に関する患者のふるまいを表現したモデルは全体として治療フローと呼ばれる。先に出てきた単なる「フロー」との混同を避けなければならない。治療フローの図の中に矢印で示されているのがフローであり、すべてのフローに速度 λ が定義でき、両方の製品によって治療中の患者に対してそれぞれストックである L を定義できる。このフローとストックとを包括して患者のふるまいを経時的に把握しようとするアプローチが治療フローなのである。

さて疾患 E に対して新薬 C が導入されるとして、新薬 C の売上予測を依頼された時に最初にしなければならないことは治療実態の想定である。図9-9のような治療フローの図を描き、それぞれの変数をデータに基づいて当てはめてゆく。全てのデータが直ちに得られるわけではないため、適宜アサンプションを置いたり、必要に応じて市場調査を行ったり、計算によって求めたりする。たとえば L_B が増加している場合には $\lambda_3 > \lambda_4$ であるのでそのような点に留意しつつアサンプションを置いてゆく。

このように治療フローのモデル化による現状の治療実態の可視化・定量化が最初のステップである。続いては新薬 C の現在の治療実態に対する位置づけに関するアサンプションを置く必要がある。ポジショニングのアサンプションとしては以下のようなものが考えられるだろう。

- 新薬 C は 1st line 治療として製品 A と競合する
- 新薬 C は 2nd line 治療として製品 B と競合する
- 新薬 C は 2nd line 治療から脱落した患者に使われる 3rd line としての扱いになる
- 新薬 C は製品 A の使用後、製品 B が使用される前に使用され、新たな 2nd line 治療となって製品 B を 3rd line に追いやる
- 新薬 C は製品 A が使用される前に使用され、新たな 1st line 治療となって他の製品を 2nd line 以降に追いやる

このような製品の治療フロー中のポジショニングのアサンプションは、治験データや添付文書の記載、医師のプリファランスシェアなどによって定まっ

てくるのであるが、既存製品と競合する場合にはその競合の程度は市場調査によって確かめることが必要になる。

図 9-10：新薬 C 導入後の疾患 E の治療フロー：例として製品 C が新たな 2nd line 治療となる場合

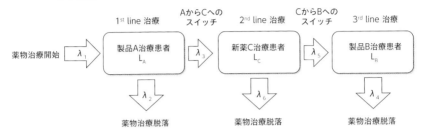

図 9-10 は仮に新薬 C が製品 A と B との間に位置づけられたと仮定した場合の想定治療フロー図である。ここには λ_5 及び λ_6 という新たなフローが加わって治療フローを全体として複雑なものにしているが、λ_1 から λ_4 までは基本的に同じ前提を置けるはずである。したがって、C から B へのスイッチの程度と、C からの薬物治療脱落（治癒や死亡なども含む）の程度の前提が、臨床試験データなどから得られていれば、モデルの構築は可能である。

この章では顧客行動を医師のプリファランスシェアと患者の治療に関するふるまいとに分けて、新薬の浸透速度の予測のフローとストックとのシミュレーションモデルの構築について議論した。ところで、本文中にも示したように医師のプリファランスシェアや患者の治療に関するふるまいの理解には最終的には市場調査が必要であり、そのためには新製品がどのようなものなのかを説明しなければならない。新薬の製品特性がまだ確定していないような場合には仮想的な特性を用意しなければならず、それがまさに TPP なのである。TPP については第 12 章で詳しく議論する。

第10章 需要モデル

疫学モデルにおいては一般人口を基に有病者数、診断患者数、治療患者数という係数を掛けて患者数を絞り込んでいった上で対象市場を定義し、その中でどのようなマーケットシェアを各薬剤が獲得して行くことになるのかということを予測した。有病率モデルに関して議論したように、よほど顕著な傾向が見られない限り20年から30年程度の範囲においてこれらの係数は大きく変わらないと想定することができる。そのようなアサンプションを置くもう一つの大きな理由に、その傾向の存在を示すだけの充分な疫学情報が存在していないということが挙げられる。本邦においても久山町研究のような前向きのコホート研究があるが、糖尿病のような有病率の高い疾病を対称にする場合は参考になるものの、有病率が極端に低いような疾病では有病者数の傾向を把握できるような信頼性の高いデータを得られるかどうかは疑問である。また、そのような傾向が分からないときには、罹患モデルを使って傾向をシミュレートできることも学んだ。

しかし、複雑なモデルにはより多くのアサンプションが必要となる。このように疫学情報の欠点は情報量そのものの少なさにあると言える。一方で各薬剤の販売数量というようなデータは、こんにちであれば国によっては全数もしくはそれに近いレベルで詳細に得られる。このデータを用いることによって少なくとも直近の市場動向については売上予測をより正確に行うことができそうである。このデータを使った予測は需要モデルや、処方箋の枚数に基づく予想法であることから、処方箋モデル prescription model などとも呼ばれる。需要モデルは患者数や診断率などの不確実なアサンプションを置かなくても予測ができるところも優れている点である。

需要モデルにはいわゆる時系列分析 time series analysis の方法論が用いられる。ここではまず、需要モデル構築の概略を掴むために需要モデルの一般

的な考え方を説明したのち、その応用について考察する。どのようなモデルであれ、予測の基本は過去を観察して、何らかの法則を見出し、未来にそれを外挿するということに尽きる。しかし、時系列分析に基づく予測はそのプロセスに視覚的な理解を用いるのが特徴である。

（1） 観察

過去データを入手したら、まずはそのデータを視覚化して観察する。たとえば図 10-1 のデータは架空の製品 A の販売数量のデータである。このデータからはどのようなことが読み取れるだろうか。

製品 A の販売数量は月によって細かな変動はあるものの、全体としては緩やかな増加の傾向が見えそうである。また、その増加の傾向は直線的であるように見える。

図 10-1：製品 A の月次売上実績データ

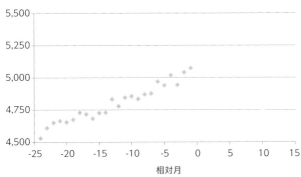

（2） モデル化

このプロットの傾向は右肩上がりの直線だと判断したら、そのしたがっている法則性をモデル化する。今回は、直線回帰 linear regression によって、プロットを一次関数に回帰させることとしよう。直線回帰は一般的な表計算ソフトウェアには標準的に備わっている機能であり、プロットデータに対して

最小二乗法 least square を用いた直線とその式を返してくれる。この場合は図 10-2 のように切片が 5053.1、傾きが 20.095 の直線が与えられた。

更に、実績データに対するモデルの当てはまりの良さを評価するための指標である決定係数 determination coefficient R^2 を計算してみると 0.9478 であった。決定係数は 0 から 1 までの間の値を取り、1 により近ければより当てはまりが良いことを示している。したがって、このモデルは実績データに対して極めて当てはまりが良いモデルであるということが検証された。

図 10-2：直線回帰

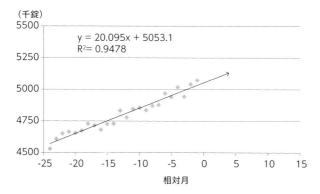

(3) 外挿

最後に、モデルを用いて将来の売上がどのように推移するかということを予測する。ここでは、製品 A の将来の売上が直線 y=20.095x + 5053.1 の上に載っているとみなすとすると、図 10-3 のように売上が推移すると予測できる。順調に行けば現在から見て 12 ヵ月後には月間 530 万錠の売上が見込めるということになる。

図 10-3：外挿

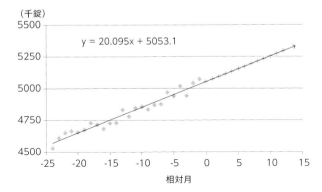

このように、需要モデルの構築と予測とに関するモデルはシンプルであり、ここには患者数やコンプライアンスといった複雑なアサンプションは存在しない。自分が予測したいと思うパラメータ（この場合は売上錠数）と同じものの過去データから直接未来を推定するため、シンプルかつ説得力のある売上予測を立てることができる方法が、この需要モデルなのである。

1　需要モデルの概要

（1）モデルの目的

図 10-3 を見ても明らかなように、モデルは過去のすべてのデータを正確に再現できているわけではない。つまり、モデルの描く線と過去のすべてのデータ点とは完全に重なっているわけではない、というより寧ろモデルと完全に一致している点は殆ど存在しない。モデルと各データ点との差を残差 residual と呼ぶが、殆どすべてのデータ点において何らかの残差が存在する。この残差が小さければ小さいほど、モデルの過去データに対する当てはまりが良い、すなわち適合度が高いということになるので、なるべく適合度が高いモデルを構築することによってより予測が正確なものになることが期待できる。

モデルの構築に当たってもう一つ重要なことは、構築されたモデルを用いて過去データの推移の意味を説明することである。たとえば、多項式のモデルではその次数を上げれば上げるほどモデルの当てはまりが良くなるということが知られている。図10-4は、様々な一次から四次までの多項式モデルを売上データに当てはめてみたものである。確かにモデルの次数が上がってゆくに従って決定係数 R^2 がより1に近づいていっており、そのモデルの当てはまりの良さが上がっていっている[3]。しかし、たとえば一番当てはまりが良い四次の式を採用すると売上は今後急速に下降してゆくことを予想することになり、これまでの増加の傾向を考慮するとそれをそのまま信じることは難しい。あるいはその次に当てはまりの良い三次の式を見ると、売上は今後

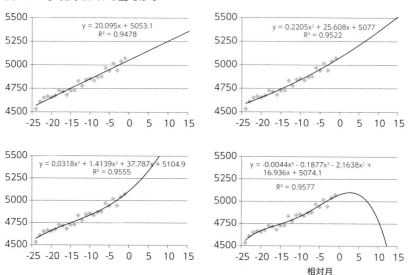

図10-4：多項式モデルの当てはめ

---

[3] 決定係数 R^2 は次の式によって求められ、これが1に近づくほど残差の平方和が小さくなるので理論的には式のデータに対する当てはまりが良くなる。

$$R^2 = 1 - \frac{\sum_i (y_i - f_i)^2}{\sum_i (y - \bar{y})^2}$$

このとき f は理論値つまりモデルの示す値、$\bar{y}$ は y 全体の平均、y_i は i における実績値である。

急激な上昇を示すことを予想することになり、これも説明が難しそうである。モデルは当てはまりが良ければそれで良いというものではなく、そのモデルが予測する内容が、過去の現象の背後にある一般的な傾向を意味ある形で説明できる必要があるのである。したがってモデルはシンプルなものが良い。このケースであれば、多少の誤差を除けば、売上錠数は月平均2万錠ずつ増加していっており、今後もこの傾向が続くとすると、売上は図10-3のように予測される、という説明ができれば充分であろう。

(2) 過去データ以外の情報

ところで、我々は未来に起こる出来事であって、売上に影響を与える可能性のあるものについてすでに知っていることもある。売上予測を立てるに当たって、過去の売上の推移以外にも知っている情報を反映させることは非常に重要なことである。その情報は大きく、1)自社についての情報、2)競合についての情報、そして　3)市場全体についての情報の三つに分けることができる。

1)　自社についての情報

予測を立てる上では、自社のマーケティング戦略が今後どのように変わってゆくのか、あるいは変わっていかないのかを把握することは極めて重要である。たとえば、今後の人員計画や卸政策の予定などがわかっていれば、それを予測に反映させることができる。

2)　競合についての情報

競合新製品の市場参入時期と、そのシェアに関するアサンプションを立てることによって、将来自社製品のシェアが受ける影響を予測することができる。競合の市場参入時期は、公開情報として得られることをすでに述べた。競合のシェアについては、その競合がどのような製品特性を示すかということについてのアサンプションを置いた上で、市場調査によって予測することになる。このような競合には後発医薬品も含まれる。

3) 市場全体についての情報

市場全体の成長のアサンプションを置くことは非常に重要である。たとえば英国 Datamonitor 社は、C 型肝炎市場について、技術革新によって生み出された新規経口薬が市場規模を年率 18% 以上のペースで押し上げて行くと予想している（Datamonitor 2014）。この予想を信じるならば、この傾向をアサンプションに含めて売上予測を構築する必要がある。

これらの情報と、過去データの傾向とを加味して未来の売上を予測する。その具体的な方法について以下に解説する。

（3） 全体市場とマーケットシェア

図 10-1 の例では製品 A の売上錠数、つまり絶対数量を指標にして分析を行った。しかし、需要モデルに基づいた予測を行う場合には絶対数量ではなく、それを全体市場とそこにおける製品のマーケットシェアという形に因数分解して予測する方法が一般的である（その理由については後ほど詳しく述べる）。

特に医薬品の場合、現在の市場規模と市場の傾向（拡大傾向なのか縮小傾向なのか）との理解があれば、全体市場の規模の予測を説明することは難しいことではない。これらの情報から全体市場の動向を予測したのち、自社製品のマーケットシェアの動向をあてはめることによって自社製品売上を予想する。自社製品のマーケットシェアは市場調査によって予測することができる。

たとえば 2011 年に発売されたシンポニーの売上予測を行ってみよう。シンポニーのこれまでの売上の推移は以下の通りである。

2011	2012	2013
10	53	94

（億円、田辺三菱製薬株式会社の決算資料より）

これだけ見ると、売上は増加傾向であることはわかるものの、最終的にはど

の程度まで伸びてゆくのかは判らない。そこでこのような場合にはまずは市場調査を行い、医師のプリファランスシェアを把握する。この場合シンポニーは抗TNF抗体のクラスに入るので、抗TNF抗体の競合と比較してシンポニーがどれだけ選ばれるかを把握する。仮に市場調査の結果、シンポニーのプリファランスシェアが8%であったことがわかったとしよう。次に抗TNF抗体の全体市場を把握するためにすべての競合の売上を調べる。ここでは2009年から2013年までのデータを取ってみよう。

	2009	2010	2011	2012	2013
レミケード	471	604	663	735	763
エンブレル	323	384	414	432	454
ヒュミラ	19	66	133	205	241
シンポニー			10	53	94
シムジア				1	32
オレンシア					8
合計	813	1,054	1,220	1,426	1,592

(億円、各社の決算資料より)

図10-5：抗TNF市場（億円、各社決算資料より）

このように見てみると、抗TNF抗体の市場は2009年から2013年までの5年間は順調に伸びてきていることが判る。毎年平均すると195億円程度伸び

ている。そして、2013年のシンポニーの金額ベースのマーケットシェアは5.7%であることもわかる。

そこで、以下のアサンプションを置いて予測を立ててみる。

- 抗TNF抗体の市場は今後5年程度、同じペースで伸びて行く（厳密に言うとこの薬効群には2014年度に市場拡大再算定を受けている製品もあるので2014年度の市場の伸びは鈍化するはずであるが、ここでは同じペースで伸びるとする）
- シンポニーの金額ベースのマーケットシェアは今後3年で8%に到達する[4]

このアサンプションを置くと、向こう5年間のシンポニーの売上は以下のように予測できる。

	2013	2014	2015	2016	2017	2018
シンポニー売上（億円）	94	118	145	174	190	205
シェア(%)	5.9	6.6	7.3	8.0	8.0	8.0
市場合計（億円）	1,592	1,787	1,982	2,176	2,371	2,566

（4） 傾向、周期性、規定要因

製品あるいは市場の動向に対して何らかのパターンが見出せる場合にはそのパターンを反映させた予測を構築することが必要となる場合がある。たとえば上の例では、過去データに基づいて市場全体は成長して行くと予測していた。あるいは、過去のデータを分析してみると明らかな周期性が観察される場合がある。特に医薬品の場合には、売上データは年周期性を示すことが多い。

このようなパターンが見られる場合には、まずなぜそのようなパターンが見られるのか、その理由について考察する必要がある。たとえば糖尿病市場が拡大傾向にある場合には、それが患者数の増加によるものなのか、薬剤の浸

---

[4] 市場調査でわかるのはあくまで患者ベースのプリファランスシェアであって、本来であれば薬価やレジメンの違いを反映させなければならないが、ここでは便宜的に薬価はすべての抗TNF抗体製剤でほぼ同じであると仮定する

透率の上昇によるものなのか、あるいは価格の上昇によるものなのか、これらの複合的な影響によるものなのかということについて考察しなければならない。あるいは周期性が見られる場合、疾患自体の周年的傾向によるものである場合もあれば、単に決算期の影響を受けているという場合もある。このような分析を行うことによって、その傾向が将来にわたっても続くものなのかどうかを見極めることができる。

マーケティングの観点から更に一歩進めて、いわゆる規定要因分析 determinant analysis を行うことによって予測の精度を高めることができる場合がある。これは過去の売上データとそれと関連すると思われる要素を集めて重回帰分析をすることによって、統計的に有意に影響を与えていたと思われる要素（規定要因）を見出し、その規定要因の推移を予測することによって予測の精度を高めようとするアプローチである。詳細はデータ・マーケティングの専門書に譲る。

図 10-6：規定要因分析の概要

	1月	2月	3月	4月	5月	...
売上	xxx	xxx	xxx	xxx	xxx	xxx
FTE	xxx	xxx	xxx	xxx	xxx	xxx
コール数	xxx	xxx	xxx	xxx	xxx	xxx
専門誌広告数	xxx	xxx	xxx	xxx	xxx	xxx
経費	xxx	xxx	xxx	xxx	xxx	xxx
広告宣伝費	xxx	xxx	xxx	xxx	xxx	xxx
・・・	xxx	xxx	xxx	xxx	xxx	xxx

各期間における売上と、それに関連すると思われる要素をテーブル化する

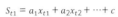

$$S_{t1} = a_1 x_{t1} + a_2 x_{t2} + \cdots + c$$

重回帰分析によって、売上の説明関数を構築する

規定要因の将来にわたる変動が予測できている場合には、より精密な予測を行うことができる。例えばFTEと売上が強く相関している場合、もしFTEの将来の動向がわかっていればその影響を予測に反映させることが出来る。

● 2　数学的モデリング

それでは実務上良く用いられる代表的な数学的モデルをいくつか紹介しながら、予測の方法論を解説してゆきたい。なお、売上の実績データは決算資料から得られた金額のデータであり、実務の段階ではこれを医薬品の物量と薬価とに分けて考えなければならない。また、ここで考慮しているのはその実績データだけであり、要因分析は一切行っていない。

（1）　静的モデル

疫学モデルの場合と同様に、需要モデルについても静的なモデルと動的なモデルを概念することができる。過去データが静的であると考える場合は、市場または製品の売上は何らかの平衡状態にあって、細かい変動はあっても今後当分の間同じ値をとり続けるものと考えることになる。ここではこの場合に用いられるモデルについて議論する。エーザイが販売しているワーファリンの例を用いて予測を立ててみよう。図10-7 はワーファリンの売上高の推移である。これを見ると、この製品の売上高はここ五年間では比較的安定的に推移しているようである。そこで、2014 年におけるこの製品の売上高を予測してみよう。

図 10-7：ワーファリンの売上の推移（エーザイ株式会社の決算補足資料より）

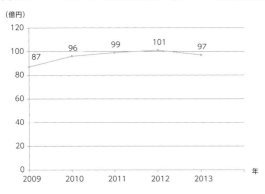

第 10 章　需要モデル　97

1）　ランダムウォーク

最新のデータ点の値が今後も当分続くという考え方である。このモデルの長所は計算や説明が非常に簡単であることである。反面、たとえば最新のデータが例外的な値をとっているような場合には予測を読み間違える可能性がある。豊富に過去データがあるにもかかわらず、最新のデータしか使っていないので、得られるデータを最大限に活用しているとはいえない。図 10-8 は、このランダムウォーク random walk モデルを用いた 2014 年の予測であり、単に 2013 年のデータと同じ数字をそのまま用いている。

図 10-8：ランダムウォークモデルを用いた予測

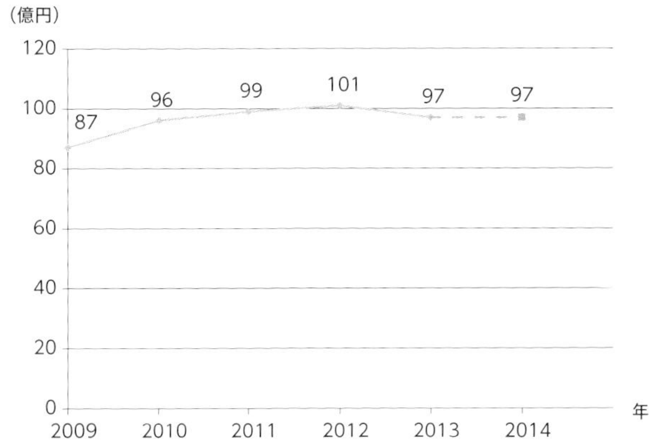

(億円)

```
120
100    87    96    99   101    97    97
 80
 60
 40
 20
  0
     2009  2010  2011  2012  2013  2014    年
```

2）　直近の複数の時点のデータの平均値

そこで、複数の過去データを活用してより予測の精度を高めようと試みる。その方法の一つは、複数時点のデータの平均値が将来にわたって続くという考え方である。だがこの方法であれば、最新データの外れ値の問題をある程度解消できる。この方法の問題点は少なくとも二つある。一つは、データ採用の期間の問題であり、現在の市場や製品の売上が平衡の状態にあると結論するに至った際に遡って観察した期間が対象になるだろう。もう一つは最新のデータと一番古いデータとによる影響に同じ重みをつけているという点である。5 年前のデータよりも去年のデータの方が今年の売上を予測するのに

当たっては重要なはずである。図10-9は直近五年間の過去データの平均をもって2014年の売上を予測したモデルである。図中の式からもわかるように、2008年時点の売上である87億円と、2012年の97億円とが同じ重みで予測に影響を与えている。

図10-9：過去五年間の平均を用いた予測

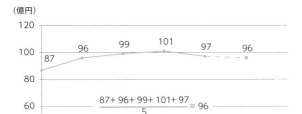

3） 指数平滑化法

この「重み付け」問題を解決しているのが指数平滑化法 exponential smoothing model という方法である。これは現在に近いデータに対して強く重み付けされるように調整する演算方法である。指数平滑化法の一般式は以下の通り。

$$E = \sum_{k=1}^{\infty} a_k c(1-c)^{k-1} \cdots ①$$

Eは予測値、a_kはk年前の実績値、cは平滑化定数 smoothing constant という定数で、0から1までの間の任意の値を取り、企業の過去のデータなどから計算で求めることができる。ここでは仮に0.6を用いる。

ワーファリンの例を用いると、直近の2013年の実績値97億円にはこの平滑化定数をそのまま係数とした0.6を掛ける（$(1-0.6)^0=1$であるため、考慮しない）。続いて2012年の実績値101億円に掛けるのは、この平滑化定数と1から平滑化定数を引いた数の積0.6 ×（1-0.6）=0.24となる。2011年の係数

は $0.6 \times (1-0.6)^2 = 0.096$ を用いる。同じように 2010 年の係数は $0.6 \times (1-0.6)^3 = 0.0384$ となる。このように、より古いに掛ける係数ほど小さくなってゆく。また、$\sum_{k=1}^{\infty} c(1-c)^k = 1$ であるので、データ点が無限にあるときには係数の和は、平滑化定数の値にかかわらず 1 となる[5]。

図 10-10：指数平滑化法を用いた予測

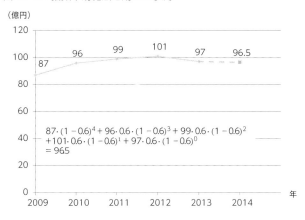

この方法の優れている点は、前回の予測値があればそれを用いて簡単に今回の予測値を計算できるところである。一般的には、i 年における i + 1 年の値の予測を E_i、i-1 年における i 年の予測値を E_{i-1}、i 年における実績値を A_i、平滑化定数を c と置くと E_i は

$$E_i = (1-c)E_{i-1} + cA_i \cdots ②$$

という簡単な計算で求めることができる。

上記の三つのモデルを用いた予測は互いに大きく変わらない (97 億円、96 億円、96.5 億円)。これはすなわち、ワーファリンの売上が確かに安定的、静的であることを裏付けていると同時に、どのような方法をとってもモデルが静

---

[5] データの個数が有限個である場合には係数の和は 1 にならないため、最も古いデータの係数に $c(1-c)^x$ の代わりに $(1-c)^x$ を用いることによってこの問題を解決できる。ワーファリンの例で 2009 年の係数として $0.6 \times (1-0.6)^4$ ではなく $(1-0.6)^4$ が用いられているのはそのためである。

的であると仮定すると大きく異なった予測は出にくい、つまり静的である売上の予測は比較的簡単であると言うことができそうである。

（２）　動的モデル

これに対して実績値が明らかに変化していると考えるような場合には、その変化を前提としたようなモデルを構築する必要があり、これは動的モデルと呼べる。ここではアステラス製薬のベシケアの売上を例に動的モデルについて考察してみよう。図 10-11 は 2004 年度にベシケアが発売されてからの売上の推移をプロットしたものである。ベシケアは発売以来順調に売上高を伸ばし続け、2012 年度に売上が 1000 億円を超えていわゆるブロックバスターの仲間入りをした。実際に売上を経時的にプロットしてみると明らかな上昇傾向を示している。このような場合にはどのようにして 2014 年度以降の売上を予測すれば良いだろうか。

図 10-11：ベシケアの売上の推移（アステラス製薬の決算補足資料より）

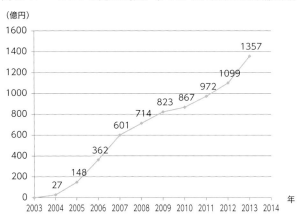

１）　線形回帰モデル

一つの方法は本章の最初に紹介したように、売上の推移が直線的であるとみなして一次式に回帰させる方法である。年次を x、売上を y と置いて図

10-12のようにプロットすると、xとyとの関係は、

$$y = 134.2x - 268855 \cdots ③$$

の一次式に回帰できる。これにx=2014を代入すると、2014年度におけるベシケアの売上は1439億円と予想できる。

図10-12：線形回帰で予測する2014年度のベシケアの売上

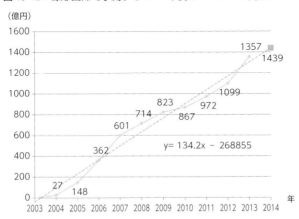

線形回帰モデルの長所は、何と言ってもシンプルなことである。数学的にも単純なプロセスで予測を立てることができる。一方、短所は以下の通り。

- より遠い未来になればなるほどデータが非現実的になってくる。これは予測の一般的な性質でもあるが、線形回帰モデルでは現在の傾向に変化がないことを前提にしているため、その性質は顕著である。特に、このモデルにおいてはこの値を理論的に超えないだろうという上限（または下限）が設定されていないため、たとえばベシケアの場合には際限なく増加を続けることになってしまう。
- 静的モデルのときの平均値と同様、過去のすべてのデータに対して同じ重みを付けており、たとえば2004年のデータと2013年のデータとが同じように扱われている。
- データが算術的な方法を用いているだけであって、その背景の因子（例

えば、なぜ売上が伸びているのか) に対する考慮がまったくなされていない。

したがって、このモデルが使われるケースとしては近い未来の売上を予測するような場合であろう。

2) 差分の指数平滑化モデル

この線形回帰の重み付けに関する問題を改善する方法が、この差分の指数平滑化モデルである。これはある年の値から前年の値を差し引いたものをプロットして、その推移を指数平滑化処理して翌年の値を求めるものである。図10-13はベシケアの売上の各年の前年との差分をプロットしたものである。こうしてみるとベシケアの売上は、発売から2007年まで加速度的に増加し、その後一旦落ち着くものの、2011年からは再び売上が加速して行っているのがわかるだろう。

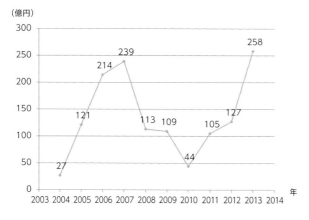

図10-13：各年のベシケアの売上の前年との差分（アステラス製薬の決算補足資料より）

このプロットを基に静的モデルで行ったように指数平滑化処理を行って、まずは2014年における2013年との差分を予測してみよう。静的モデルの場合と同じように、平滑化定数を仮に0.6と置くと、

$$E_{2014} = \sum_{k=2004}^{2013} a_k \cdot 0.6(1-0.6)^{2014-k} = 200 \cdots ④$$

すなわち、図 10-14 のようになる。

図 10-14：指数平滑化法によって求める 2013 年度と 2014 年度との売上の差

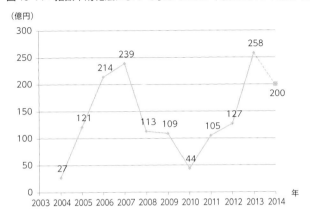

この結果から 2014 年度のベシケアの売上を、2013 年度の実績に対して、予想の差分であるところの 200 億円を加えて 1557 億円と予想できる。

図 10-15：指数平滑化法で予測する 2014 年度のベシケアの売上

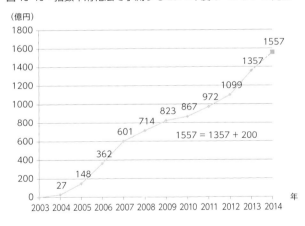

このモデルは確かに線形回帰モデルの重み付けの問題は解決しているものの、その他の問題については解決していない。つまり、このモデルを用いて、

この予測された差分を毎年足し続けて行くと売上は永遠に増え続けることになるし、背景因子の考慮は無い。また、差分の指数平滑化モデルは特にこのベシケアの2013年度の売上の特徴——2013年は例外的に急激に売上が伸びているように見えること——に対して非常に脆弱なように見える。すなわち仮に2013年の値が例外であった場合には、予測に対してその例外的な直近のデータがもっとも重く影響してしまうため、よりその例外の方向に大きく予測が振れることになる。この理由から、今回のベシケアの予測では差分の指数平滑化モデルの方が線形回帰モデルよりも予測の値が実に100億円以上も大きくなっている（1,557 vs 1,439）のである。逆に言えば線形回帰モデルは、例外的なデータが存在した場合にもその変動をある程度吸収することができると言える。しかし、両方とも比較的単純な予測方法を用いているにもかかわらず、実際の売りに対して7％以上の予測値の変動が見られている。これは静的モデルによる予測には見られなかったことであり、動的モデルによる予測の難しさを物語っている。

したがって売上予測担当者に必要となるのは、この2013年の売上の変動の背景を理解し、これが例外的な動きなのか、それとも少なくとも向こう一年間は続く傾向であると言えそうなのかということを把握することである。そして、その理解に基づいてどのモデルを使うのかということを判断しなければならない。

3）　修正指数曲線モデル

この二つのモデルの欠点の一つである、長期にわたる予測に向いていないということについて、もう少し検討してみよう。図10-16に示すように、そのまま回帰直線に沿って真っ直ぐ線を引いてしまうと2020年にはベシケアの売上は2,244億円になってしまう。製品ライフサイクルのことを考慮しないとしても、この予測を用いて経営層を説得するのは難しそうである。

図 10-16：線形回帰で予測する 2020 年度のベシケアの売上

この予測の問題点はその予測値に上限というものが設けられていないことである。我々は売上などの値が最大でどのくらいの値を取りうるかということを経験的に知っている場合が多い。その値を超えない範囲で増加（あるいは減少）して行くモデルを考えることができれば、この問題は解決するはずである。そのようなモデルの一つに修正指数曲線モデル modified exponential curve model がある。

指数関数の標準曲線は図 10-17 の通り。

図 10-17：底を自然対数 e とする指数関数の標準曲線

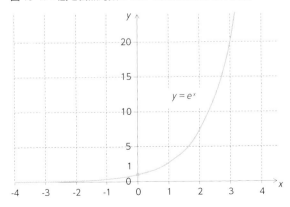

この関数は(1,0)を通る曲線で、eは自然対数の底、すなわち2.72..という値である。この曲線は単調増加関数であり、すなわちxが増加するときyは必ず増加する。xがどれだけ減少してもyの値は限りなく0に近づくが0にならない、すなわち直線y=0を漸近線とする。

この漸近線の性質を生かして、この指数関数を平行移動、変形及び反転する（この処理をしているためこのモデルは修正指数曲線モデルと呼ばれる）と図10-18のような形になる。

図10-18：Lを漸近線とする指数関数の曲線

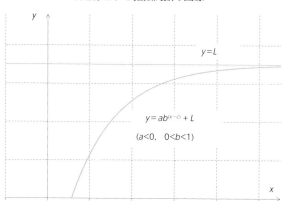

このy=Lの直線が漸近線となって、やはり単調増加曲線となっていることが理解されるであろう。a, b, cの三つの定数をうまく設定することによってこのような曲線を作ることができるのである。それではこのような曲線モデルに対して、ベシケアの売上を回帰させてみよう。ここでは仮に、何らかの理由でベシケアの売上が1500億円を上回らないことを知っているとしよう。この条件でMicrosoft Excelに装備されているソルバー機能を用いて、最小二乗法によってベシケアの売上をカーブフィッティングcurve fittingさせると、図10-19のようになる[6]。

---

[6] 2003年がx=0となるように補正した式である。

図 10-19：修正指数曲線モデルに回帰することによって予測する 2020 年度までのベシケアの売上

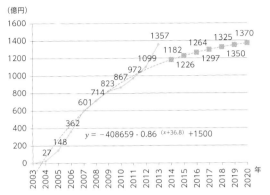

このモデルでは、時間の経過と共に売上の曲線の傾斜が徐々に緩やかになってきており、市場が時間と共に飽和してくる様を表現できている。このような効果は密度効果と呼ばれており、視覚的に直感的であり経営層の納得感を得やすい。また、過去のすべてのデータを使って予測していることから、2013 年度のデータのような外れ値の影響を受けにくくなっている。しかし、このモデルは純粋な幾何モデルに過ぎず、実際の市場で起こり得る現象を取り込んだモデルになっているわけではない。

4） Bass 拡散モデル

そこで実際の市場に起こり得る現象を数学的にモデル化したものが複数考案されている。これらのモデルは拡散モデル diffusion model などと呼ばれており、医薬品に限らず様々な商品の市場において、新商品がどのように普及して行き、それに伴って商品の売上がどのように推移するかということを論理的に組み立てたものである。その中でもっとも著名なモデルの一つがここで紹介する Bass 拡散モデルである（Bass 1969）。これは 1969 年に Frank M. Bass が提案したモデルであり、複雑な市場を単純化するために以下のような前提を置いている。

- 市場には2種類の顧客が存在する。自らの判断のみによって自らの初回購買（initial purchase；これまである製品を購買したことがなかった者が始めて当該製品を購買すること。採用。）を決定できるものと、他者の購買行動によって採用を決定する者とである。前者を革新者 innovators と呼び、後者を模倣者 imitators と呼ぶ[7]。
- ある時間 T において、未採用集団の中で採用が発生する確率 P(T) は、これまでの累積の購買者の数 Y(T) の一次関数である。したがって、p と $\frac{q}{m}$ とを定数として

$$P(T) = p + \frac{q}{m} \cdot Y(T) \cdots ⑤$$

と置くことができる。
- 一方、T において全購買者中で採用が発生する確率 f(T) と 0 から T までの f(T) の累積である $F(T) = \int_0^T f(t)dt$ との関係で見ると、

$$P(T) = \frac{f(T)}{1 - F(T)} \cdots ⑥$$

と置くことができる。このとき T≥0 であるすべての T に対して 0≤P(T)≤1、0≤f(T)≤1、及び 0≤F(T)≤1 である。ここで P(T) は製品の売上のピークを1と置いたとき、T の時点における採用者の比率の増加量を示しており、⑥式は F(T) が増加して行くすなわち市場が飽和して行くに従って、採用の確率 P(T) が下がって行くことを示す重要な式である。

---

[7] Bass によればマーケティングの採用者プロセス adoption process で言うところの早期採用者 early adopters 以降の採用者はすべて模倣者である。

図10-20：Bassモデル：ある時間Tにおける各パラメータの説明

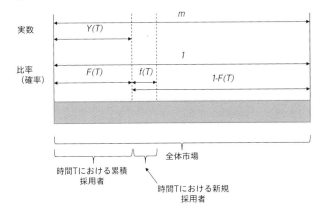

- ここでは、一度ある製品が採用されるとその製品がその後恒常的に使用され続けるとする。

mはその製品のライフサイクルの間に発生する初回購買の総数、すなわちピーク時における累積採用者数を示している（ここでは「全体市場」という言葉で表現する）と考えられ、

$$Y(T) = m \cdot F(T) \cdots ⑦$$

と表せる。⑦、⑧及び⑨を組み合わせると、

$$f(T) = \{1 - F(T)\}\{p + q \cdot F(T)\} = p + (q - p)F(T) - q \cdot F^2(T) \cdots ⑧$$

とおける。これを$F(0) = 0$として$F(T)$についての非線形微分方程式として解くと、

$$F(T) = \frac{1 - e^{-(p+q)T}}{1 + \frac{q}{p}e^{-(p+q)T}} \cdots ⑨$$

と置ける。この$F(T)$は時間Tにおける累積採用者数の全体市場mに対する比率である。これを⑨式と組み合わせると、時間Tにおける累積採用者の実数$Y(T)$が以下のように求められる。

$$Y(T) = m \cdot \frac{1 - e^{-(p+q)T}}{1 + \frac{q}{p}e^{-(p+q)T}} \cdots ⑩$$

ここで定数 p は T=0 のとき、⑤式より P(0)=p であるところから、早期採用者・革新者の数と比例すると考えることができるため、革新係数 innovation coefficient と呼ばれている。一方 q は同じく⑤式より Y(T) の係数であるところから模倣者の行動に関与する係数であると言えるために模倣係数 imitation coefficient と呼ばれる。革新係数と模倣係数とは、当該製品の当該市場における固有の値としてそれぞれ決定されると考えられ、その値によって顧客の取り込みの状況が曲線として表現されるのである。たとえば、p=0.1, q=0.3 の Bass 拡散モデルは図 10-21 のような形状になる。ここで p と q との値をそれぞれ変化させると、曲線の形状は図 10-22 及び図 10-23 のようにそれぞれ変化する。図 10-22 から判るのは、p を変化させることによって発売後直ぐの立ち上がりが大きく変化するということである。一方、図 10-23 からは q を変化させることによっては最初の 1〜2 年の F(T) は大きく変動しないが、3 年目以降に差がついてくるということがわかる。このように、革新係数は製品発売後直ぐの曲線の振る舞いに影響を及ぼし、模倣係数による影響は後れて現れる。このように、実際の消費者の行動の想定を基にしたモデルがこの Bass の拡散モデルなのである。

図 10-21：革新係数を 0.1、模倣係数を 0.3 とする Bass 拡散モデル

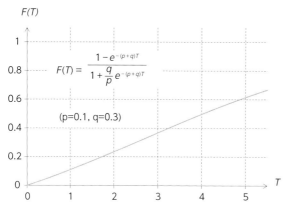

図 10-22：革新係数を 0.3、0.1、0.05 とした場合の Bass 拡散モデルの曲線の形状

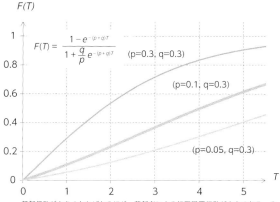

革新係数が大きくなればなるほど、革新者による初回購買行動が大きくなる。そのため曲線の立ち上がりが良くなる。T＝1の時のF(T)がpと一致していることに注目。

図 10-23：模倣係数を 0.6、0.3、0.1 とした場合の Bass 拡散モデルの曲線の形状

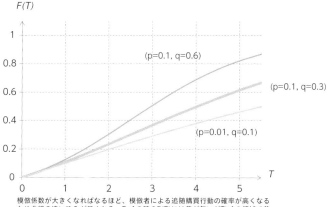

模倣係数が大きくなればなるほど、模倣者による追随購買行動の確率が高くなるため曲線の追い込みが早くなる。T＝1の時のF(T)には差が無いがT>1の領域で差がついてくることに注目。

このモデルをこれまでの売上実績に回帰させてp, q, mを求めた上で未来を予測すると、たとえばベシケアの売上高にこのモデルをカーブフィッティングしたのが図10-24である。修正指数曲線モデルと同じように上限値 m を1500億としたときのpとqを求めると、p ≒ 0.063、q ≒ 0.256 となり、2014

年の売上を 1299 億円、2020 年には 1467 億円に到達すると予想できる。

図 10-24：Bass 拡散モデルに回帰することによって予測する 2020 年度までのベシケアの売上

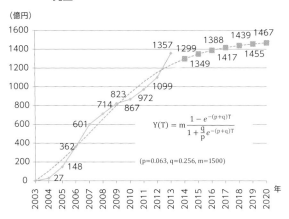

5）ロジスティック曲線モデル

更に二つほど数学的モデルを紹介したい。一つはロジスティック曲線 logistic curve と呼ばれているもので、ある時点での採用確率はその時点までの累積採用者数と密度効果とによって決定されると考えるものである。具体的には T における採用確率 f(T) は、0 から T までの f(T) の累積である F(T) と、密度効果係数 k を考慮した 1 − k・F(T) との積に比例すると考え、以下のように表現できる。

$$f(T) = a \cdot F(T) \cdot \{1 - kF(T)\} \cdots ⑪$$

この式は Bass 拡散モデルの⑧式において p=0 とした場合の形と同じであり、したがってロジスティック曲線モデルは Bass モデルの特殊形であると言える。これを微分方程式として解くと、

$$F(T) = \frac{\frac{1}{k}}{1 + be^{-aT}} \cdots ⑫$$

$$Y(T) = \frac{m}{1 + be^{-aT}} \cdots ⑬$$

と置ける（mは上限値、bはb＞0となる定数）。mを1500億と置いて、このモデルをベシケアの例にカーブフィッティングさせてa及びbを求めると図10-25のようになる。

図10-25：ロジスティック曲線モデルに回帰することによって予測する2020年度までのベシケアの売上

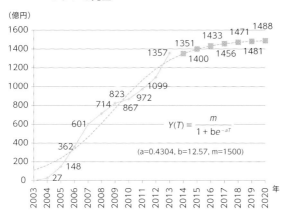

ロジスティック曲線の形状は回転対称のシグモイド曲線の一部である。⑪式のa・F(T)としてあらわされる成長を促進する要素（ここはマルサス的成長と呼ばれる）と1-kF(T)としてあらわされる密度効果の要素とが同じF(T)の一次関数であるために、この形状がもたらされる。

6) ゴンペルツ曲線モデル

ロジスティック曲線のマルサス的成長要素を残しつつ、密度効果の要素をTに対する指数関数に代えたものがゴンペルツ曲線である。すなわち、ゴンペルツ曲線では

$$f(T) = a \cdot F(T) \cdot e^{bT} \cdots ⑯$$

となり、e^{bT} の部分が密度効果の要素である。この微分方程式を解くと、α 及び β を正の定数とし、mを上限値とする以下のような式になる。

$$F(T) = e^{-\alpha e^{-\beta T}} \cdots ⑰$$

$$Y(T) = m e^{-\alpha e^{-\beta T}} \cdots ⑱$$

ゴンペルツ曲線モデルは携帯電話の普及曲線や年齢に対する累積死亡率などに良くあてはまるモデルであると言われている。ゴンペルツ曲線は回転対称な形状ではなく、当初の成長は極めて緩やかだが加速度的に成長し、上限値に到達する直前に速やかに成長を緩めるという形状をとるのが特徴である。図 10-26 は m=1500 としてゴンペルツ曲線モデルに回帰させることによって予測したベシケアの売上である。

図 10-26：ゴンペルツ曲線モデルに回帰することによって予測する 2020 年度までのベシケアの売上

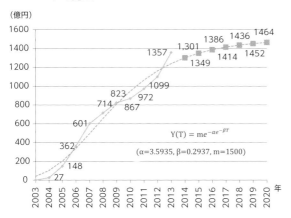

以上、曲線のモデルを複数提示したが、どのモデルも比較的近いデータを返してきているように見えるのは、すべてのモデルで共通して上限値のアサンプションを 1500 億円と置いていることによっている。逆に言えば、重要なことはどのモデルを使うかということではなく、上限値、つまりピーク時売上のような重要なアサンプションを正しく置くことなのである。繰り返しになるが、ある程度将来の予測を正しく導くためには過去の実績データのモデル化と外挿とだけでなく疫学モデルで用いたような方法論によって市場全体の規模（今回扱ったモデルの場合の L や m の値）などの情報を加味した上で適切なアサンプションを置かなければならない。したがって、需要モデルで売上を予測した場合であっても、疫学モデルによる検証を行うことは常に推

奨される。

● 3 　需要モデルのまとめ

需要モデルを用いれば実績データをモデル化して残りの製品ライフサイクルの期間中にピーク時売上に到達するまでの過程を予測することができる。このピークまでの到達のアサンプションはアップテイクカーブ uptake curve などと呼ばれ、この曲線の軌道は後ほど述べるプロジェクトの事業性評価に大きな影響を与えるためにピーク時売上高とは別に経営層の関心が高いところである。今回の例のベシケアのようにすでに発売後10年が経過している製品であればその後のピークまでの到達経路を予測することは、それ程苦労は無いかもしれないが、発売後余り時間が経っていない製品や開発中のパイプラインであればそのような実績データが無い状態であるので、アップテイクカーブの形状の予測は難しい。

参考文献

Bass, Frank. 1969. "A New Product Growth for Model Consumer Durables." *Management Science* 15: 215-27.

DataMonitor Healthcare. 2014. " Hepatitis C: Estimating sales during 2013-22." Last modified August 27. http://www.datamonitorhealthcare.com/hepatitis-c-estimating-sales-during-2013-22/

コラム：Microsoft Excel® のソルバー機能を用いたカーブフィッティング

Microsoft Excel® のグラフには近似曲線を描くための優れた機能があり、比較的単純な曲線であればその機能を簡便に予測に用いることができる。しかし、この機能を用いても Bass 拡散モデルのような複雑な曲線を近似させることはできない。そこで、Excel のソルバー機能を用いて、本書で取り扱ったような複雑なモデルを実績データに回帰させる方法について紹介する。

ソルバー機能とは Excel のオプションの機能の一つで、あるセルの数値をある値にする、あるいは近づけるために、他のセルの値を変化させることができる機能である。前者のセルを「目的セル」、後者のセルを「可変セル」という。目的セルの値がが可変セルの関数になっている場合には、可変セルの値を変化させることによって目的セルの値を目的とする値にする、あるいは近づけることができる。

この機能を用いると、モデルと実績データとの残差平方和を求めてそれを最小化するような各パラメータを選択することによって、最小二乗法に基づくカーブフィッティングができる。この章で用いたベシケアの例を使って具体的な手順を解説しよう。まず以下のような Excel のシートを用意する。

図 10-27：Bass 拡散モデルのカーブフィッティング

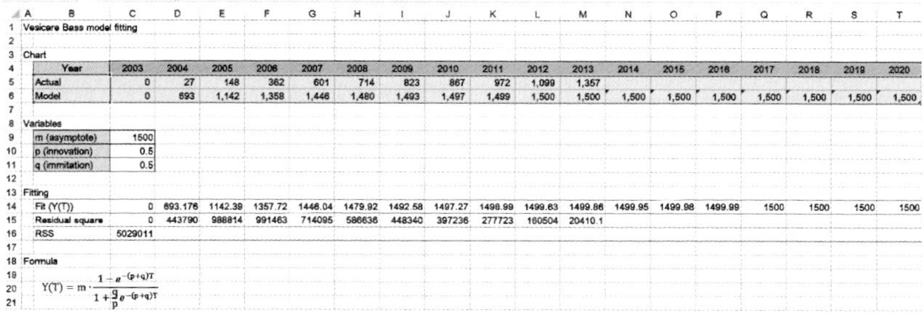

	A/B	C	D	E	F	G	H	I	J	K	L	M	N	O	P	Q	R	S	T
1	Vesicare Bass model fitting																		
2																			
3	Chart																		
4	Year	2003	2004	2005	2006	2007	2008	2009	2010	2011	2012	2013	2014	2015	2016	2017	2018	2019	2020
5	Actual	0	27	148	362	601	714	823	867	972	1,099	1,357							
6	Model	0	693	1,142	1,358	1,446	1,480	1,493	1,497	1,499	1,500	1,500	1,500	1,500	1,500	1,500	1,500	1,500	1,500
7																			
8	Variables																		
9	m (asymptote)	1500																	
10	p (innovation)	0.5																	
11	q (immitation)	0.5																	
12																			
13	Fitting																		
14	Fit (Y(T))	0	693.176	1142.39	1357.72	1446.04	1479.92	1492.58	1497.27	1498.99	1499.63	1499.86	1499.95	1499.98	1499.99	1500	1500	1500	1500
15	Residual square	0	443790	988814	991463	714095	586636	448340	397236	277723	160504	20410.1							
16	RSS	5029011																	
17																			
18	Formula																		

$$Y(T) = m \cdot \frac{1 - e^{-(p+q)T}}{1 + \frac{q}{p} e^{-(p+q)T}}$$

それぞれのセルに入力するデータは以下の通り。

第 10 章 需要モデル 117

- 列 4：予測する年を一年ずつ 2003 年から 2020 年まで入力する。
- 列 5：各年に応じた売上実績データを入力する。
- 列 6：列 14 のそれぞれのデータを参照する。セル C3 に "=C14" を入力して、T 列までフィルハンドルをドラッグする。
- セル C9：上限値である 1500 を入力。
- セル C10：innovation coefficient の仮の値として 0.5 を入力。
- セル C11：imitation coefficient の仮の値として 0.5 を入力。
- 列 14：Bass 拡散モデルの関数式を入力する。具体的には C14 に、
  =$C$9*(1-EXP(-($C$10 + $C$11)*(C4-2003)))/(1 + $C$11/$C$10*EXP(-($C$10 + $C$11)*(C4-2003)))
  と入力して T 列までフィルハンドルをドラッグする。本文中の式⑩参照。
- 列 15：実績とモデルとの残差平方を計算する関数式を入力する。C15 に、
  =(C5-C14)^2
  と入力して M 列までフィルハンドルをドラッグする。
- セル C16：列 15 の残差平方を合計する。C16 に、
  =SUM(C15:M15)
  と入力する。

ここまでセッティングしたら、ソルバー機能を立ち上げる。ソルバー機能はデフォルトではアドインされていないので、ファイルタブ＞オプション＞アドイン＞管理(A):を"Excel アドイン"を選択して設定(C)ボタンを押す＞有効なアドイン中のソルバーアドインのチェックボックスにチェックを入れて OK ボタンをクリックすることによってアドインされる。

データタブの一番右側にアドインボタンが追加されるのでそれをクリックして、ソルバーのパラメーターのウィンドウを開いて、以下のようにセルの位置等を設定する。

図 10-28：ソルバーウィンドウ

- 目的セルの設定：残差平方和である C16 を設定する。
- 目標値：最小値を選ぶ。
- 変数セルの変更：innovation coefficient と imitation coefficient とである C10:C11 を設定する。

これだけ設定してから解決ボタンを押すと、Excel が残差平方和を最小にする innovation coefficient と imitation coefficient とを計算して、C10 と C11 とにデータを返してくるので、OK をクリックしてセルの値を確定する。

図 10-29：ソルバーによる解決

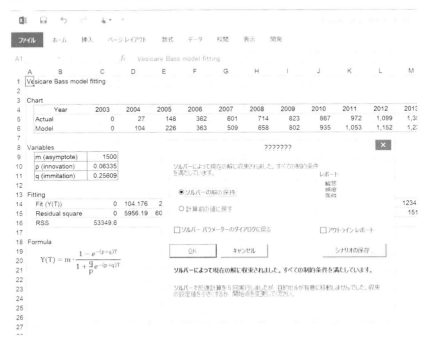

このモデルを外挿することによって、売上予測を行うことができる。

第11章　市場調査の適用

顧客の好みは最終的には顧客に聞いて見なければわからないのであり、その「顧客に聞く」というプロセスが市場調査、あるいはマーケティング・リサーチなのである。この章では売上を予測する際に実施される市場調査について議論してみたい。市場調査の一般論については良いマーケティング・リサーチの専門書が数多く出版されているのでそちらに譲り、ここでは医薬品の売上予測に関連する部分だけに注目して議論する。図11-1は一般的な市場調査のプロセスであり、この順番で進めてゆこう。

図11-1：市場調査の一般的なプロセス（Kotler and Keller 2012, 99）

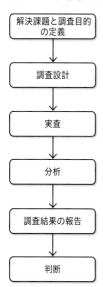

● 1　解決課題と調査目的との定義

売上予測の際の調査の大きな目的は予測を構築する要素に関するアサンプションの立案または検証、あるいはその両方であり、多くの場合は治療実態と自社製品の医師におけるプリファランスシェアの把握とである。売上予測を構築する際には、最初に構築にあたって必要な情報を一覧にし、何がわかっていて何がわかっていないのかを明確にし、予測を立てる上で必要な情報を特定する。その上でその情報を得る手段として市場調査がふさわしいと判断された場合にはじめて市場調査を実施するのである。このように調査の目的、得たいと思う情報をあらかじめはっきりと特定しておくことは調査の設計を行う上で極めて重要なプロセスである。

● 2　調査の設計

市場調査は設計がすべてであると言っても良く、調査目的に沿った形で細心の注意を払って調査を設計して行く必要がある。ここでは売上予測で用いる調査において良く用いられる調査方法に対象を絞ってその分類を解説する。

（1）　定量調査及び定性調査

定量調査 quantitative research とは調査のデータが数値化できるように設計された調査である。この調査の趣旨は標本におけるある統計量に基づいて母数を推定することにある。したがって、この調査からの出力は統計量として定量化できるものでなければならない。たとえば全国に2万人いるといわれる整形外科医のうち100人を無作為に抽出して調査したところ、整形外科医が診療している関節リウマチ患者のうち生物学的製剤を使用している患者の割合の平均は20%であったので、整形外科医全体として20%の割合で関節リウマチ患者に生物学的製剤を使用していると推定する、というのが定量調査とその結果による母数の推定である。この性質を考慮すると、定量調査は売上を予測する上で、とりわけ医師のプリファランスシェアを評価する上

でもっとも大事な調査方法であるということが理解されるだろう。また、標本の数が増えるに従って調査の信頼度が上がること、母集団を推定するに当たっては標本の代表性が重要であること、仮に標本にバイアスがあることがわかっている場合でもバイアスの本質を理解し適切に統計量を補正して母数の推定を行うことが重要であることなどの留意点がある。

一方、定性調査 qualitative research はこのような定量化・数値化されない情報、たとえば言葉や行動などの情報を収集するために実施される。この調査の趣旨はその目的によって様々であるが、売上予測の局面では主に治療実態の把握のために用いられる。すなわち、治療フローを構築し、アンメットニーズを理解し、既存治療に対する満足度、疾患の治療に関する充足度などを把握することができる。たとえばスピリーバを処方されている COPD の患者が二次無効となった場合に、次にどのような治療を施すのかという順番や、スピリーバについて困っていること、などは定性調査によって理解することができる。このような定性調査は対面インタビューによる対話の形をとることが一般的である。また、専門家による専門的なコメントの方が市場を理解する際に有用である場合も多く、標本の代表性は余り問題にならない場合もある。通常は定量調査と比較すると参加者の人数もサンプル数も少ないが、一人ひとりから得られる情報の量は多い。

（２）　探索型調査及び検証型調査

実際に調査を行ってみるとわかるのであるが、一回の市場調査から新たに得られる情報の量は非常に限られている。そのような中で重要なことは、適切なアサンプションを立ててそれを検証することである。そのような調査は検証型調査 confirmative research と呼ばれ、そのアサンプションがどの程度正しいのかということに焦点を絞った調査になる。たとえば製品 A のプリファランスシェアが x％であるというアサンプションを確認するような調査が検証型であると言える。しかし、調査の目的によってはもう少しとらわれない形で自由に発言をしてもらい、市場の構造と参加者の思考パターンに関

するアサンプションを立案できるような情報を得たいというような場合もある。そのような調査は探索型 explorative であるといわれ、後に検証型調査で検証するためのアサンプションを立案するためのオープンな情報を得るために実施される。製品 B は 1st line で使われているのか、2nd line なのか、どのような併用薬と使われるのか、使用に関して留意している点は何か、などの質問はすべてあらかじめアサンプションを立てておくよりも、自由に話してもらった方が製品に関する理解が深まる場合がある。売上予測のための調査を行う場合、一般的に定量調査は検証型であることが多く、定性調査は探索型である場合が多いが、両者を複合させて実施する場合も多い。

(3) 各種調査手法
1) デプスインタビュー

定性調査の際に良く用いられる方法であり、基本的な形式は1対1の面談である。参加者一人ひとりに対して詳細に質問をすることができるため、思考パターンの解読といった心理的な側面にまで踏み込むことができ、探索型の調査に向いている。スタジオに参加者を呼ぶ方法と、職場などを訪問する場合とがある。前者の長所はスポンサーである製薬企業が、マジックミラーの後ろから面談の様子を観察できることで、その際に追加の質問もリアルタイムで行うことができるが、短所は会場に呼ばなければならないために参加者の負担が大きくなり、その分リクルートに時間がかかりやすく、また費用負担が大きくなる傾向にあることである。また最近ではペイシェント・ジャーニー調査やエスノグラフィー調査といったような、患者を参加者としてその思考パターンをより深く掘り下げてゆくような調査方法も取り入れられている。

通常、市場調査を実施するにあたっては、調査を専門的に行っている業者に実務を委託するが、実際に面談を行う面談調査者もその業者が用意する場合がほとんどである。インタビューにおいて良い情報が引き出せるかどうかは面談調査者の個人的技量に大きく依存しているため、デプスインタビューを

行う際にはいつも一番良い面談調査者にお願いすることが極めて重要である。

2） フォーカスグループ

定性調査においてデプスインタビューと並んで一般的なのがこのフォーカスグループであり、複数の参加者を一堂に集めてグループで話し合ってもらいながら情報を収集する。医薬品の売上を予測する場合の調査としては患者におけるプリファランスシェアを評価する場合に有用である。これもデプスインタビュー同様、ファシリテーター個人の技量が調査の質を大きく左右する。この手法の有用な点は、特に初対面の患者どうしが自らの疾病について語り合ううちに、様々な語彙や概念などに触れて自らの疾病に関する輪郭が定まって行き、他者に対してより詳細に説明することができるようになることである。このようないわば対話に伴う情報の成長とでもいうべきものは、デプスインタビューではなかなか得られない。

一方でフォーカスグループの欠点は、発言者の意見が専門性や権威、またはいわゆる声が大きい人などに影響されてしまい、実際の母集団の思考プロセスやパターンを調査の場で再現できない可能性があることである。また特に専門医などを参加者としたフォーカスグループ調査を行おうとすると、もともと母集団の人数が少ないためお互いに知り合いであるケースも多く、そのような場合には率直なコメントを貰いにくいような場合もある。

3） インターネット調査

医薬品の分野において、こんにち行われているほとんどの定量調査がこのインターネット調査であるといっても過言ではない。それほどまでに普及している理由は、パネルと呼ばれる医師や患者の調査参加者のリストが充実しているためである。かつてインターネット調査は標本がパソコンの使用者に限られるというバイアスがあることが欠点であるといわれたが、パソコンの普及率が向上した現代においては最早問題ではない。価格も他のどの方法よりも安価であり、期間も短い。

（4） インタビューガイド・調査票の設計

さて、調査の実施方法が決まったら、インタビューガイド及び調査票の設計を行う。インタビューガイドとは面談調査者に対する質問の指示書であり、調査票とは定量調査をする際の質問の一覧表である。調査票はこんにちではインターネット上に表示される画面であり、多くは HTML のようなコンピューター言語で書かれているものである。

売上予測の際の調査ではインタビューガイド・調査票の中に売上を予測したい製品がどのような製品であるのかということを表現し、参加者に理解してもらうことが極めて重要である。また、複数の製品の比較をする場合には、それぞれの製品のどういうところが違うのかということを際立たせて表現し、理解してもらわなければならない。表 11-1 は一つの例である。ここでは C, D, E という 3 つの製品の有効性と安全性という 2 つの属性に着目して一覧にしてみた。

表11-1：各競合製品の製品特性の例

属性	新薬C	製品D	製品E
有効性（奏効率）	55%	80%	40%
安全性（副作用発現率）	25%	45%	10%

ここで、本書で用いる用語について一度整理する。

製品特性 product profile は各製品がどのような製品であるのかということの表現であり、各属性の水準の結合として概念される。たとえば、新薬 C の製品特性は有効性（奏効率）55％及び安全性（副作用発現率）25％である。製品特性は表出されている属性以外の製品の性質も含むすべての属性の水準の結合として定義されるので、この場合にはたとえば新薬 C が白い錠剤であるとか、一日一回投与であるとかいったようなここに書かれていない情報も、「新薬 C の製品特性」に含まれている。まだ開発中の化合物などの場合は製品特性が確定していない場合があり、そのような場合には仮想的な製品特性を与える必要があり、それが TPP なのである。

属性 attribute は各々の製品において、独立して認識できる製品の性質の側面であると定義できる。この例では、有効性（奏効率）は一つの属性であり、安全性（副作用発現率）もまた一つの属性である。

水準 attribute level はそれぞれの製品の、ある属性の具体的な値である。すなわち、製品 C の有効性（奏効率）属性の水準は 55% である、という。この水準は有効性の例のように連続的数値である必要はなく、たとえば剤型の属性が錠剤である（もしくはカプセルである）というような離散的な水準も概念できる。

製品特性はその製品のすべての属性の水準の結合であり、ある製品の属性は無数に定義できる。したがって、その製品の製品特性を調査の参加者に示すために表現する場合に、どの属性を選んで表示するか、ということは極めて重要である。限られた調査時間の中で効率良くその製品の性質の概要を参加者に伝達するためには、あらかじめ参加者が選択基準として重視している属性がどれであるのかということ（それぞれの属性を重視している程度を属性重視度 attribute importance と言う）についてのアサンプションを持っている必要があり、これを理解するために定量調査の前には定性調査を行うのが一般的である。

（5） プリファランスシェアを求めるための定性調査

さて、売上予測に関わる調査の趣旨は、製品特性が医師のプリファランスシェアにどのような影響を与えるのかということを理解することである。ここでは、プリファランスシェアを評価するために用いることが多い二つの方法を対比させながら紹介したい。

1） 製品特性比較分析

ある製品の製品特性の全体を参加者に提示して直接プリファランスシェアを聞くという方法である。表 11-1 のように複数の製品特性を同時に表示して直接比較の上で相対的なプリファランスシェアを評価する方法と、参加医師が現在治療している患者を想起してもらい、たとえば新薬 C に切り替わる患

者の数を問うことによってプリファランスシェアを評価するという方法がある。

この方法の利点は直接参加者に各製品の製品特性そのものを聞くことができる点である。したがって、既存の製品のブラントイメージなどの水準化しにくいものも含めて調査することができる。一方、属性重視度や、各属性の水準の変動に対するプリファランスシェアの感受性を独立して理解することはできない。

２） コンジョイント分析

実際の製品特性の比較をするのではなく、水準を様々に組み合わせた仮想の製品特性を参加者に提示して、それぞれの水準のプリファランスシェアに対する影響を属性ごとに独立して計算するという方法がコンジョイント分析である。この方法が前提としてるのは、顧客が製品の選択を行う際にそれぞれの属性を独立に評価しているということである。その点、医薬品のような機能性製品は、顧客たる医師が、製品たる医薬品の持つ、属性たる機能をそれぞれ独立に評価して、その結合である製品特性に基づいて選択行動をとると考えられるので、コンジョイント分析に向いている製品であると言える。

表 11-2 はコンジョイント分析のアウトプットの例である。寄与率 contribution というのは、それぞれの属性がどの程度参加者の選好を決定するのに重要であるかを示しており、すなわち属性重視度の表れである。効用値 utility は部分効用 part-worth とも呼ばれ、各属性におけるそれぞれの水準のプリファランスシェアを相対的に示している。これを表 11-1 の各競合製品の製品特性に当てはめることによって図 11-2 に示されるシェアが算出できるのである。これに基づくと、表 11-2 の例では有効性の寄与率が 72％ と、安全性の寄与率の 28％ よりも高いため、参加者はこの製品を評価する際にはその有効性を安全性よりも重視しているということが言える。またそれぞれの水準の効用値を見ると、奏効率が高いほどまた副作用発現率が低いほど高くなることがわかる。これらの部分効用を各製品の製品特性に再構成し、それぞれの製品のプリファランスシェアを計算することによって３つの製品のシェ

アが計算できるのである。このようにコンジョイント分析は、この場合は調査参加者たる医師が、総体としてどのような評価体系に基づいて選考を決定しているのかという、そのシステムを明らかにしようという試みであり、そのようなシステムは価値システムと呼ばれる。

表11-2：コンジョイント分析のアウトプットとしての価値システム　　図11-2：アウトプットに基づいたプリファランスシェア

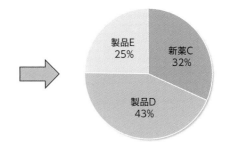

属性	寄与率	水準	効用値
有効性（奏効率）	72%	80%	73
		55%	-2
		40%	-71
安全性（副作用発現率）	28%	45%	-78
		25%	-13
		10%	91

コンジョイント分析のもう一つの特長に、製品特性のアサンプションを変更することによってそのプリファランスシェアがどのように変化するのかということを計算することができる点がある。たとえば新薬Cの奏効率を製品Dの水準である80％まで引き上げるとシェアがどのように変化するかということを計算によって求めることができるのである。図11-3はその結果であり、新薬Cはその結果としてマーケットシェアを10ポイントも伸ばしてトップ製品になると予想される。このような分析を属性の感受性分析 attribute sensitivity analysis といい、これによって、たとえば臨床試験においてどの程度の奏効率が示されればどの程度の売上が望めるのかということを示すことができる。そのため、コンジョイント分析はプロジェクトの価値を最大化するような試験計画の策定には欠かせない分析となっている。一度調査によって価値システムを決定してしまえば、製品の水準を変化させたり、新製品を追加したりした後でのプリファランスシェアをも理論的に計算できるのが特長である。

図 11-3：新薬 C の製品特性のみを変更した場合のプリファランスシェアの変動

新しい製品特性

属性	新薬C	製品D	製品E
有効性（奏効率）	80%	80%	40%
安全性（副作用発現率）	25%	45%	10%

新薬Cの有効性属性の水準を55%→80%に引き上げた

新薬Cのプリファランスシュアは32%から42%に増加した

3　実査

医薬品の売上予測のための調査を行う上で、参加者のスクリーニングは重要である。ワクチンや OTC を除けば調査参加者は通常、その製品のユーザーである医師または患者であり、一般消費者ではない。さらに、対象としたい医師は専門医であること多く、あるいは患者を対象とした調査であっても、調査対象は調査の目的たる治療薬によって治療される疾患の患者であって、かつ調査パネル[8]に登録されている者でなければならないので、この時点ですでに参加候補者の数は極めて限られている。そのことを念頭に置きつつも、考えなければならないのは代表性の問題である。特に医師調査の場合、医師を万遍なくスクリーンするということが、必ずしも患者母集団の代表性を担保するものではないということに注意しなければならない。図 11-4 に示した通り、患者が人数としては少ない高処方医の下に集中しているような場合、高処方医の処方行動、価値システムを詳細に理解することの方が、あまり患者がいない医師の選好を理解することよりも重要である。したがって、このような場合は調査の前のスクリーナー（参加者が望ましい性質を備えているかどうかを確認する質問で、ここで条件に合わなければ本調査に進

---

[8] 調査受託業者はあらかじめ調査の参加者となりうる人を登録しており、それを調査パネルという。

めないようになっている）に持ち患者数に関する質問を加えて、参加者全体に占める高処方医の比率が一定数を下回らないように調整するという方法を取ることによって、高処方医のプリファランスが売上予測に確実に反映されるように工夫すると良い。さらに、高処方医と一般参加者とをそれぞれ別々に分析し、プリファランスシェアに傾向の違いがあるかどうかを確認することも大事である。

図 11-4：医師を基準にした患者分布のパレート図

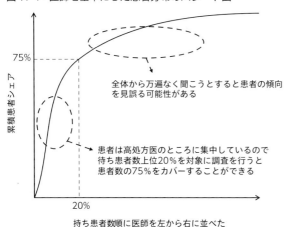

● 4 分析・報告・判断

分析・報告・判断をする際に留意しなければならないことは、データの解釈である。特に、もっとも重要なアウトプットであるプリファランスシェアについて解釈する場合には注意が必要である。なぜならば、経験的にプリファランスシェアをそのままマーケットシェアとして使うということはできないからである。実際に既存製品の調査をしてみるとわかるのであるが、プリファランスシェアが実際の患者シェアと同じ値になることはほとんどない。以下にその代表的な理由を示す。

（1） 時間差の問題
医薬品は切り替えの起こりにくい製品であるために発売されて間もない製品の場合はプリファランスシェアと比較して患者シェアが追い付いていっていない場合がある。

（2） 情報量の問題
発売されて間もない製品や発売前の新薬は長期にわたって市場にあった製品と比較して製品に関する実績情報が少ないために、それぞれの属性に実データに基づく水準ではなく仮想の水準を含めた製品特性を提示する場合があり、そのような場合は往々にして望ましい、理想的な水準を選択する傾向にある。つまり、新製品の製品特性は理想的になりがちであり、調査の結果は上振れすることになる。あるいは参加者の新製品に対する期待感も手伝って、新製品のプリファランスシェアは経験的に高くなることが多い。そもそも実際に参加者が日々使っていて良く知っている製品と、仮想的な製品特性とを同じ基準で比較することは難しい。

（3） 調査一般の問題
これは医薬品に限らずあらゆる調査で言えることであるが、調査の参加者は必ずしも正直に自分の頭の中を開陳してくれるとは限らないのである。特に医師や患者の場合はその疾病に対して何らかのバイアスがかかっている場合も多く、またたとえば医師の場合は治療ガイドラインに沿った治療を実際には行っていなくても、あるいは頻繁に適用外使用を行なっていたとしても、そのようには正直に語らない状況も十分に想像できる。

このような問題があるために、調査の結果が示された場合でもその解釈については十分に吟味してから報告書を作成する必要がある。特に社内に当該調査分野の営業部隊がいるような場合にはあらかじめ医師の傾向などを訊いて理解を深めておくとよい。調査結果と実際のマーケットシェアとの乖離につ

いては第12章であらためて議論する。

調査結果の経営層への報告にも注意が必要である。筆者の経験からは、経営層は自分の直感と異なるような調査結果が報告された場合にはまず調査の方法論について質問をしてくる。多くの製薬企業の経営者は、自分のキャリアの中で何らかの市場調査を経験してきており、市場調査の方法論については厳しく追及しがちである。したがって、仮に経営層の期待とは異なる結果が出てきたとしても十分に反論できるだけの論拠を用意しておくことと、経営層の期待がどのあたりにあるのかということを報告会議の前にあらかじめ把握しておくことは、社内政治的にも重要なことである。

参考文献

Kotler, Philip, and Kevin Lane Keller. 2012. *Marketing Management 14th edition*. NJ: Pearson Education.

第12章　ターゲット・プロダクト・プロファイル

TPP　target product profile はいわば「開発計画の設計図」である。TPP は特に医薬品の新製品開発の段階においては、以下の三つの目的を達成するための有用なツールである。

（1）全社的な情報のインプットを得て、開発方針の足並みを部門横断的に揃える

医薬品の新製品開発は技術主導になりがちであり、それを市場ニーズ主導的な方向に修正する必要がある。医薬品の新製品開発は特に創薬研究の実施可能範囲によって制限されており、すなわち新製品開発は技術的に何ができるかということによって開発方針が決定される傾向にあるため、技術的には優れていても実際の市場ニーズに応えていないような新製品を開発してしまう危険性を常に孕んでいる。また、開発方針の策定のために重要な情報は市場ニーズに関する情報だけではない。製造部門など、社内のあらゆる部門から必要な情報を集めて開発方針を策定し、その方針を部門横断的に理解し、合意する必要がある。TPP はその議論の受け皿であり、また合意された開発方針そのものでもある。消費財の新製品開発であれば、まず顕在または潜在ニーズの定義があって、それを満たすように新製品開発の方針を立ててそれに合わせて研究開発を進めて行く、いわゆる市場ニーズ主導の新製品開発となるのがふつうである。しかし医薬品の場合、特に革新的な新製品の開発においては、技術革新が製品開発に先立つ傾向があるために製品開発過程もどうしても技術主導にならざるを得ない。さらに医薬品は開発コストが大きく開発期間も長いために試行錯誤的な開発方法には限界がある。医薬品は試作品のプレテストやテストマーケティングなどの方法が倫理的にも許されない。したがって、医薬品の新製品開発では開発の早い段階からかなりの精度

で製品発売時点での特性が決められ、それに向けての開発計画を精緻に設計する必要があり、したがって、それに向けて部門横断的に議論が尽くされている必要がある。

（2） 将来的な判断の材料を提供する

TPPは現実の製品ではなく主に開発中の化合物が達成すべき目標としての製品特性を示したものである。この場合に目標といっているのは、必ずしも理想的な姿だけを示しているものではない。たとえば、そのTPPを達成できない場合は開発を中止するというような中止基準としてのTPPも存在し得る。このようなTPPを、開発を進めるに当たって最低限必要な特性〔minimally acceptable profile; MAP〕などと呼ぶこともある。このようにTPPは、開発方針を示すのみならず判断の基準を与えるという役割も担っている。このような役割に必要なのは事前の経営者層との合意であり、その合意を引き出すための根拠である。そして、もっとも重要な根拠の一つがそのプロジェクトの事業性なのであり、すなわちNPVであり、それを支える売上予測なのである。

（3） 化合物の説明の材料となる

自社の開発中化合物がどのようなものなのかということを社外に対して説明しなければならないケースは大きく四つ考えられる。一つは投資家に対する説明であり、一つは治験の際に医師に参加を呼びかけるとき、一つは市場調査の際、そして今一つは当局と話すときである。いずれの場合でも、開発企業として当該化合物がどのような特性を具備すると考えているかということを明確に示さなければならないが、その仮の特性を示すことができるものがTPPなのである。これは社外に限らず、開発チームが経営層に対して当該化合物がどういうものであるのかということを示す際にも必要な情報である。このようなコミュニケーションツールとしての役割もTPPが持つ重要な側面の一つである。

●1　TPP の実際

では医薬品の TPP とは具体的にどのようなものか。FDA が申請者とのコミュニケーションツールとして TPP の活用を促進しているので、そのガイダンス案を参考にするところから始めよう。但し、ここで用いられる TPP はあくまでも販売承認を与えるための科学的要件をまとめたものである。

（1）　FDA のガイダンス案
1）　将来添付文書に書かれる内容　Labeling concepts

TPP には、適応症、用法・用量、剤型・力価、禁忌、警告、安全性情報など添付文書に記載されるあらゆる分野の情報を含めることができる。FDA が用意している雛形によると、各項目には a. Target すなわち添付文書への記載、b. Annotation すなわち当該記載を裏付けるような情報を与えるまたは将来与えうる試験に関する情報、及び c. Comments すなわち FDA とのコミュニケーションを促進するような追記情報、をそれぞれ記載するとある。この FDA 版 TPP は FDA への申請の際の概要説明資料として使うことができるとされていて、したがって他の申請資料と平仄を合わせるために定型的に作られている。ガイダンス案では例として表 12-1 のような記載がされている。

表 12-1：FDA 版 TPP のガイダンス案（Food and Drug Administration 2007）
1. 適応症及び用法

Target	Annotations
閉経後骨粗鬆症 〔*薬剤名*〕は閉経後女性の骨粗鬆症の治療及び予防に適応する **骨粗鬆症の治療**：骨粗鬆症を伴う閉経後女性において、〔*薬剤名*〕は脊椎骨折の頻度を減少させ、骨塩密度を増加させる **骨粗鬆症の予防**：骨粗鬆症のリスクが高く、骨塩密度の改善または維持及び骨折リスクの低減が臨床的に望まれる閉経後女性においては〔*薬剤名*〕を用いても良い	計画書番号 XXX-001：承認を受けるための第Ⅲ相試験の用量設定試験を終了した 計画書番号 XXX-002 計画中の試験：試験計画書は未提出 計画書番号 XXX-003：2008 年 2 月に試験計画書を提出予定

Comments:
試験計画書 XXX-02 及び XXX-03 において提案されているバイオマーカーについては DMEP（代謝・内分泌学的製剤部門）と合意された。試験計画書 XXX-003 は特別計画書査定 special protocol assessment の対象として提出される。
…

2）　販売促進の目的でうたわれる内容 Promotional claims

添付文書に記載されない、販促活動において使用される文言や販促資材における表現などについても FDA は審査を行う。開発中の段階でどのような試験を計画すればどのような販促活動ができるのかということについて、TPP を叩き台にして FDA と話し合うことができる。この雛形も、Target、Annotation、Comments という構成になっている。

以上は FDA と製薬企業とがコミュニケーションを図るために用いられている雛形の内容であり、したがって承認の可能性や、市販後のラベルの表現、市販後の情報収集など、臨床的・科学的な側面における議論の効率化のために用意されているものである。ここでは TPP を構成するすべての要素に何らかの科学的根拠、もしくはそれを与えるために計画されている治験や調査などについての記載があることが重要である。なぜなら、この科学的根拠が

開発計画の実現可能性を支えているからである。

（3） 社内資料としてのTPP

社内における開発計画の設計図としてのTPPにはこのような科学的側面に加えて、NPV及び累積の成功確率に関する情報とが付加される。したがって、たとえばFDAのガイダンス案の中の例をもとにTPPを作成すると表12-2のような形になるだろう。

表12-2：社内資料としてのTPPの例

化合物XのTPP	
適応症	閉経後女性の骨粗鬆症の治療及び予防
有効性	1. 治療 　1.1. 骨折リスク 　　1.1.1. 椎体骨折リスク：3年間投与後の累積リスクがプラセボに対して50％低い 　　1.1.2. 非椎体骨折リスク：3年間投与後の累積リスクがプラセボに対して50％低い 　1.2. 骨密度 　　1.2.1. 腰椎骨密度：3年間投与後、ベースラインに対して5％上昇、プラセボに対して10％上昇 2. 予防 　2.1. 骨密度 　　2.1.1. 腰椎骨密度：10年間投与後、ベースラインに対して15％上昇
安全性	● 既存薬と比較して重篤な副作用の頻度に差が無い ● 胃腸障害や顎骨壊死など、既存薬に特有の副作用が無い
投与経路・頻度	経口錠剤・1日1回

- NPV: USD xx
- 累積成功確率：xx％

FDAのガイダンス案との違いは、内容がより具体的になり、かつ数値目標が追加されていることと、枠の中のいわば狭義のTPPの部分に対応するNPVが追記されていることで、このTPPが実現したと仮定した場合のプロジェクトの価値に関する情報を付加することによって、この科学的な表現としてのTPPがもたらし得る商業的な価値を表現することを目指しているのである（成功確率については後述する）。すなわちこのNPVも含めたTPP

が、プロジェクトの科学的側面と商業的側面とを融合させた、プロジェクトの本質を描出しているものなのである。このR&Dとコマーシャルとの摺り合わせを表現しているのが図12-1である。

図 12-1：TPP 最適化における R&D とコマーシャルの要件の摺り合わせのイメージ

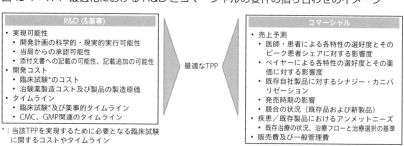

この図にも示している通り、R&Dの側面はプロジェクトの実現可能性とコストとの側面とからプロジェクトに対して外縁を与えているのに対し、コマーシャルの側面はプロジェクトに対して顧客の側面を加えて、医療ニーズが何処にあるのかということを議論する、という構図になっている。このいわばせめぎあいによって、最適なTPPの姿を模索するのが医薬品の新製品企画のプロセスなのである。

(4) TPP作成の際の留意点
1) TPPは臨床的エンドポイントを明示していなければならない
すでに述べたとおり、TPPはR&Dの言語で、ある程度詳細に記載されていなければならない。たとえば奏効率50%というように、具体的な数値となっていることが望ましい。これは判断のための基準を提供するという側面からの要請であることに加え、TPPに基づいて市場調査を実施する場合には調査の対象者によって明確に認識される必要があるためでもある。

2） 開発段階が進んで行くに従って、TPP はより複雑になって行き、その目的も変化して行く

TPP は売上予測と同様に、より多くの情報が利用可能になるということと、より緻密な判断が必要になってくることによって開発段階が進むにつれてより複雑になって行く。それを示したのが図 12-2 である。開発段階が早いプロジェクトにおいては、TPP はプロジェクトの目指すべき方向性を説明するということが主要な目的になっているが、開発段階が進んで行くと TPP にはそのプロジェクトの開発を先に進めるために達成しなければならないハードルとしての役割も加わってくる。したがって、早い段階のプロジェクトの TPP は一つだけ作っておけば良いかもしれないが、より進んだ段階のプロジェクトについては、臨床試験の結果のシナリオに応じて複数の TPP を作成し、それぞれについて NPV を計算して比較するというようなことも

図 12-2：化合物の開発段階と TPP の複雑さとの関係

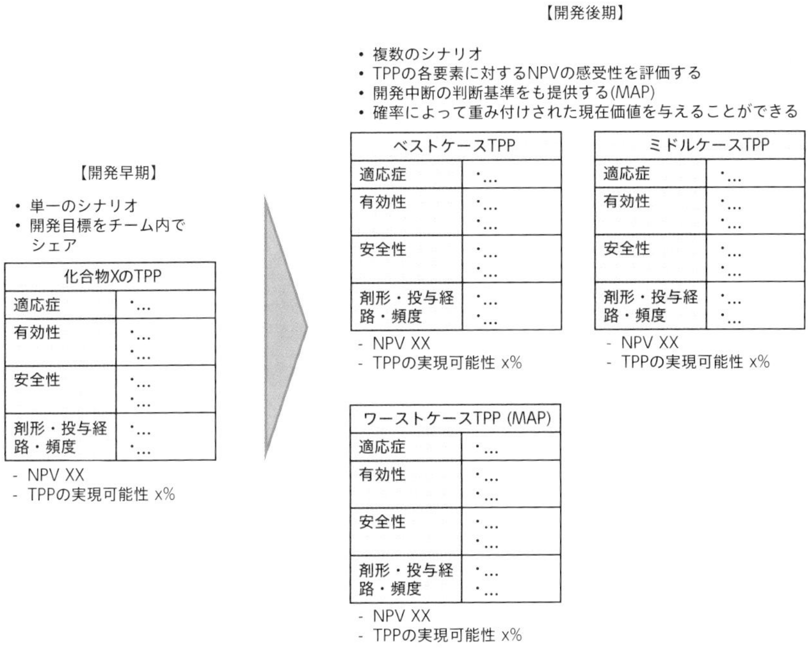

【開発早期】
- 単一のシナリオ
- 開発目標をチーム内でシェア

化合物XのTPP	
適応症	・…
有効性	・… ・…
安全性	・… ・…
剤形・投与経路・頻度	・… ・…

- NPV XX
- TPPの実現可能性 x%

【開発後期】
- 複数のシナリオ
- TPPの各要素に対するNPVの感受性を評価する
- 開発中断の判断基準をも提供する(MAP)
- 確率によって重み付けされた現在価値を与えることができる

ベストケースTPP	
適応症	・…
有効性	・… ・…
安全性	・… ・…
剤形・投与経路・頻度	・… ・…

- NPV XX
- TPPの実現可能性 x%

ミドルケースTPP	
適応症	・…
有効性	・… ・…
安全性	・… ・…
剤形・投与経路・頻度	・… ・…

- NPV XX
- TPPの実現可能性 x%

ワーストケースTPP (MAP)	
適応症	・…
有効性	・… ・…
安全性	・… ・…
剤形・投与経路・頻度	・… ・…

- NPV XX
- TPPの実現可能性 x%

必要に応じて行うことがある。このようなシナリオ分析の局面で有用な市場調査方法が以前述べたコンジョイント分析なのである。

2 TPPの立案プロセス

TPPを設定し、最適化するためのプロセスは部門横断的である。そのイメージを図12-3に示す。このように、プロジェクトチームには社内の様々な分野の専門家の参加が必要であり、かつ、一度のアプローチで完成するものではなく、プロセスを回して行くうちに最適化して行く必要のあるものなのである。プロセスを回す上での留意点を以下に示す。

図12-3：TPP設定と最適化のプロセス

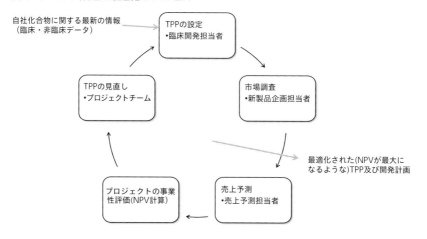

（1） TPPの最適化とはNPVの最大化である

最適なTPPとは製薬企業が化合物を開発するにあたって、将来にわたってもっとも収益性の高い製品特性を具備しているようなTPPである。強調しておきたいのは、最適なTPPと言うのは、決して当局からの承認を得ることができるようなそれではないということである。民間の医薬品企業にとってプロジェクトの目的は承認ではなく製品価値の最大化であり、すなわち、

NPV が最大であるような TPP が最適な TPP なのである。これは、新製品がより望ましい製品特性を示すためにはより大きな（または数多くの）臨床試験が必要になるというトレードオフを前提にしている。言い換えると、売上を大きくするためには、開発費もそれなりにかかるということである。複数の開発計画とそれに基づく TPP のシナリオを立てて、それぞれについて NPV を計算したうえでもっとも大きな NPV を示す TPP を採用する、というのが最適な TPP の決定プロセスである。

（2） TPP の初回案は R&D の側から示されねばならない

すでに述べたように、医薬品の開発は研究開発が技術的に可能な範囲に最初に制限される。したがって、TPP の初回案は R&D の側から叩き台として提出されねばならない。市場の需要から TPP の初回案を示すことは現実的にはありえないような理想的な薬を作り出そうとする試みとなりがちで、秦の始皇帝が不老不死の秘薬を求めたことと実質的に変わらない。TPP の最適化の試みは技術的な制限の範囲の中で行われなければ、非現実的で実現不可能な設計図を描くことになってしまう。一方で R&D 担当者の方も自分たちの化合物が市場のどういうニーズを充足しそうなのかということに関する考え方をある程度持っていなければ、そもそも TPP の初回案も書けないし、取り組むべき研究の方向性も決定できないであろう。

（3） 市場の需要に合わせて TPP を修正する

市場の需要は市場調査によって調べられ、売上予測という形で定量化されなければならない。図 12-3 では新製品企画担当者が市場調査を実施すると示したが、実際には予測担当者と新製品企画担当者とが同じ人物であることが多いだろう。

（4） プロジェクトの事業性評価はチームアプローチである

事業性評価については後に詳しく解説するが、予測された売上と各種コスト

に関する情報、それに割引率に関する情報が必要である。さらに、プロジェクトの成功確率で補正する場合はプロジェクトの各段階における成功確率の計算が必要となる。これらの情報は新製品企画、売上予測担当者、臨床開発（開発企画及びプロジェクトマネジャー）、製造、ファイナンス担当者といったプロジェクトチーム全体から集める必要があり、TPP 最適化の行程の中でもチーム全体の関与が必要となる重要なプロセスである。

（5） TPP はその見直しがもっとも重要なプロセスである

すでに述べたように開発段階が進んで行くに従って、あるいは発売の時期が近づくにつれて、そのプロジェクトに関して得られる情報量は増えてゆく。新たな情報が追加される度に TPP は更新されねばならない。開発中のプロジェクトについて TPP の更新に関わるような情報が追加される場合というのは大きく二つある。それは臨床試験からの自社化合物に関する情報が得られる場合と、競合製品に関しての情報が得られる場合とである。臨床試験から情報が得られる場合というのは、たとえばキーオープンなどによって化合物の特性が新たに明らかになったような場合である。競合品に関しての情報が追加される場合というのは、新たな競合品が特定されたような場合や、競合品の特性が明らかになる場合などである。新たな競合品が出現した場合には自社品の想定マーケットシェアを下げなければならない場合がある。競合品の特性については、たとえばこれまでは自社化合物の目標としての TPP 上の特性と差が無いと想定してシェアを予測していたが、競合品の臨床試験の結果が公表された結果、その競合品の特性が自社化合物の TPP を完全に上回っていることが判明したような場合には、その情報に基づいて自社製品のマーケットシェアを修正し、それに伴って売上予測及び NPV を更新しなければならないだろう。それによって、これまでの TPP では投資の回収に必要なだけの収益が上げられないことが判明した場合には、開発戦略を見直すとともに判断基準としての TPP をいわば上方修正しなければならない場合がある。

以上、TPP について議論した。TPP は製品開発の上での社内のコミュニケーションツールであり、開発方針についての社内合意を表現している。TPP はすべての段階のプロジェクトで備わっていなければならない。ただしその複雑さの程度は開発段階ごとに異なる。TPP はサイエンスとコマーシャルとの結合であり、その作成はその企業の実力が反映される極めて重要なプロセスである。

参考文献

Food and Drug Administration. 2007. "Draft guidance for industry and review staff, target product profile-a strategic development process tool."Accessed January 28, 2016. http://www.fda.gov/downloads/drugs/guidancecomplianceregulatoryinformation/guidances/ucm080593.pdf

コラム：グローバルマーケティング

国際共同治験による臨床開発が一般的になっている今、グローバルマーケティングの役割はますます重要になってきていると言われている。そもそもグローバルマーケティングとは何で、なぜ重要なのであろうか。

医薬品のような機能性製品は基本的には地球上のどこでも同じ機能を発揮するはずであり、したがってグローバルに需要を創出し得るため、製品としてグローバル化しやすいと考えられる。つまり、医薬品はグローバル製品適合戦略 global market adaptation strategy の類型の中では製品改良を必要としない製品なのである（Kotler and Keller 2012, 608-10）。一方で高騰し続ける研究開発費を少しでも軽減するためには、国際共同治験などによって、実施しなければならない治験の数および組み入れられる全体の症例数をなるべく減らすということが重要である。このため、21世紀の医薬品はそれがグローバル製品であることはもはや当然のこととして受け止められている。

ところが同じ医薬品であっても各国ごとに異なる受け止められ方がされる結果、普及度に差がついてしまうという場合があり、「マーケットアクセス」と呼ばれるものがその典型である。すなわち、医薬品は多くの国では保険者による償還の対象になっており、その償還のされかたによってその国における製品の普及度に差が出るのである。この保険者の償還に対する取扱いと、製品に対する患者のアクセスの状態との関係をマーケットアクセスと呼んでいる。このマーケットアクセスの状況、保険者の医薬品に対する考え方は、国によってかなり異なる。同じく、薬価の設定の方法、その基になる考え方も国によって異なる。

このように製品としての機能に差はなくとも、その製品を受け止める側の態度が国によって異なるために、製品を改良する必要はなくとも、特に保険者に対するコミュニケーションを国ごとに適合させてゆく必要があるのである。このようなグローバル製品戦略の類型はコミュニケーション適合戦略 communication adaptation strategy と呼ばれている。

グローバルマーケティングの役割は、このような各国の違いを総合して、ど

のような開発戦略を策定すれば製品の価値が最大化するのかということを考え、開発部門に提案することである。どのようなデータが示されればいいのか、どのような添付文書、どのような適応症の記載が必要なのかということを、グローバルな視座から評価する必要がある。国際共同第Ⅲ相試験は基本的には一度しかできないのであり、企業にはその一度の機会を最大限に生かすということが求められているのである。そしてグローバルな価値最大化のためにはグローバル売上予測が必要になる。

典型的には第Ⅱ相試験からのデータが得られた段階で、第Ⅲ相試験のデザインにインプットを与えるために以下のプロセスを踏む必要がある。

- まずTPPを設定する。第Ⅱ相試験の結果を鑑みて、3つ、4つ程度のTPPシナリオを設定するのが良い。
- 主要国において医師を対象としたグローバル調査を実施する。各シナリオについて、特にマーケットシェアを算出するための調査を行う。
- 並行して主要国の保険者に対する調査を実施する。各シナリオについてどのくらいの価格で、償還に関してはどのような取り扱いを受けるのかということを調査する。
- マーケットシェアと価格とに基づいて、グローバル売上予測を構築し、各シナリオのプロジェクトの事業性評価を行う。これにはシナリオごとの研究開発費と成功確率とを含める。
- 各シナリオを比較し、開発戦略を決定する。

グローバルマーケティングは、セールス&マーケティングに関する経験と、臨床開発についての提言ができるだけのサイエンスに関する経験との両方が必要となる難しいポジションである。そのコア・ケイパビリティとなるのが売上予測に関するスキルである。

参考文献

Kotler, Philip, and Kevin Lane Keller. 2012. *Marketing Management 14th edition.* NJ: Pearson Education.

第13章 マーケットシェア

これまで TPP 及び市場調査についての議論を行ってきたが、これらのものはあくまでも予測のためのツールとしての情報である。これをどのように活用して、予測につなげてゆくのか。これらの情報は製品の開発段階などによって十分に得られたり、得られなかったりする。予測担当者にとって必要なことは、限りある情報、限りある資源の中で、最善を尽くして誠実な予測を行うことである。本章ではその予測の核心ともいうべき、マーケットシェアの予測について議論してゆきたい。

● 1　マーケットシェアの予測の意義

さて、マーケットシェアとは何で、なぜその予測をする必要があるのだろう。マーケットシェアとはあるマーケットを想定したときに、そのマーケットにおける競争の状態を顧客の占有の比率で表現したものである。すなわち、売上予測を行う際に、予測の売上を市場とマーケットシェアとに因数分解して、それぞれを予測しようとする試みの一部としてマーケットシェアの予測を行うのである。

　　　製品 X の売上
　　　=マーケット A の規模×マーケット A における製品 X のシェア
　　　　×製品 X の価格…①

なぜわざわざこの因数分解を行うのであろうか。実際に我々が第 10 章で需要モデルを用いてベシケアの売上予測を行った際にはマーケットシェアについては特に議論しなかった。予測そのもののためには、この因数分解を行うことは必須ではない。にもかかわらずこのアプローチをとる理由は、これによってマーケットに関するより多くの情報を予測に加えることができ、それによって予測の精度を高め、予測の納得感を高めることができるということ

と、更には一歩進めて自社のドメイン戦略とそのドメインにおけるケイパビリティとを評価し、対策を立てることまでも可能にするからである。どういうことであろうか。

まずはマーケットシェアの予測による売上予測全体における実務上のメリットを議論したい。図13-1に示すように、単に過去の売上だけを見て将来を予測する方法は、マーケットや競合に関する様々な要因を考慮しておらず、得られている情報を十分に活用しきれていないという点では不十分なものである。我々が行ったべシケアの予測では、たとえば全世界に過活動膀胱患者が何人くらいいるのか、などといった情報はどのモデルを用いた予測でも考慮されておらず、単に数学的なモデルを当てはめた予測をしたに過ぎなかった。しかし実際には、我々はマーケットについても競合についても何らかの情報を持っている。それらの情報と過去の売上データとを合わせて分析することによって、将来に関するより説得力のある予測モデルを構築することができるのである。

図13-1：売上をマーケットシェアとマーケットとに分解することによって詳細な要因の分析と予測への組み込みとが可能になる

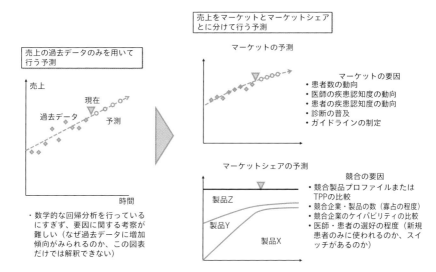

マーケットの要因はその対象疾患の臨床的な側面に関わる要因の動向によって左右される。たとえば、我々は糖尿病患者の患者数が全世界的に増加傾向にあることを知っている。一方で、マーケットシェアもそれだけを独自に分析することによって競合との関係性に注目して予測を立てることができ、ストーリーを構築しやすい。

このように、予測をマーケットとマーケットシェアとに分けることによって予測自体を充実させることができるのであるが、それを行うことによって更に一歩進めて企業のドメイン戦略を議論するための重要な情報を与えることができる。ドメイン戦略とは企業がいったいどのドメインで戦って行き、そのためにどのドメインに投資をして行くのかということを選択するということである[9]。どれだけ規模が大きい企業であっても、すべてのドメインで戦うわけにはいかない。したがって、複数のドメインの中から自分たちが今後戦って行くドメインを選ぶ、ということをしなければならないが、それではどのような基準に基づいて自分たちのドメインを選ぶべきであろうか。その重要な基準の一つは当該ドメインの現在の市場規模とその成長予測とであろう。企業は、一定の規模があり、また将来にわたって成長して行くドメインを選択することによって、その市場の規模の経済を取り込み、その市場の成長を自分たちの成長に反映させることができるのである。

一方でもう一つ忘れてはならない重要な基準は、自分たちがそのドメインに対して強みを持っているかどうかという点である。ここで強みという場合には企業としての能力全般のことであり、競合に対する相対的な文脈で考えられ、ここではケイパビリティと呼ぼう。ケイパビリティにはドメインとは無関係な要素もあるが（たとえば優秀な経理部門を持っていること）、ドメインに関連している要素も多いと考えられる（たとえばMRはある特定のドメイ

---

[9] ここでドメインという場合には、その典型的な例として疾患領域市場があげられ、ドメインという用語は「市場」という言葉とこの意味でほぼ同義なのであるが「市場」という言葉自体は多義的であるので、ここでは企業戦略における選択という文脈では「ドメイン」を用い、「市場」という場合には経済的規模も含めた用語として用い、「マーケット」という場合はマーケットシェアに対しての全体という意味で用いる。しかし、実体としてはすべて同じものを指している。

ンの専門医と関係を構築している、といったような場合)。このため、ある企業はあるドメインにおけるケイパビリティが高い、というように概念することができるのである。

さて複数の企業がある一つのドメインに存在し、顧客を競争によって獲得しようとする場合に、その顧客は均等に企業に獲得されるわけではなく、恐らく様々な理由によってある企業には多く、ある企業には少なく獲得されるということになるだろう。この獲得の多少こそがマーケットシェアそのものなのであるが、マーケットシェアは各企業の相対的なケイパビリティの高さの影響を受けていると考えられる。もちろん、ある製品のマーケットシェアを決定するのはその製品の販売企業のケイパビリティだけではなく、その製品の特性が極めて重要である。特に医薬品の場合は製品特性が医師の処方判断に与える影響が大きく、そのために医薬品は機能性製品と呼ばれるのである。これらの関係を示しているのが図13-2である。

図13-2：売上予測におけるマーケットシェアとドメイン戦略との関連性

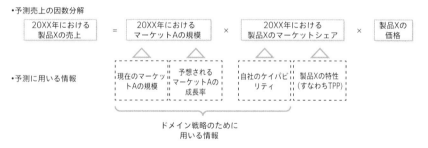

これを見れば、売上予測を構築する際になぜマーケットシェアを予測することが重要であるか理解されるだろう。すなわち、マーケットAの将来における規模を予測し、自社のケイパビリティを加味することによって、会社に対してこのドメインに投資すべきかどうかということの判断の材料を提供することが、売上予測の構築の過程で可能となるのである。逆に、自社のケイパビリティが高いドメインを戦略的に選択することによって同じ特性の製品

であっても、より高いマーケットシェアを獲得できることができるのである。ドメイン戦略については第17章の疾患領域戦略の部分で改めて議論する。それではマーケットシェアの予測の実務について議論してゆこう。

（1） シェアの推移を時系列的にモデル化する

マーケットシェアを予測する場合にまず行うべきことは、その推移をモデル化することである。たとえば新製品Xがあるマーケットに参入する場合を考える。そのマーケットには既存製品としてYとZとがすでに存在しているとしよう。この状況は図13-3のように時系列的に考えることができる。

図13-3：マーケットにおける各製品のマーケットシェアの推移の模式図

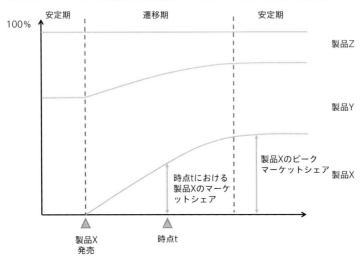

製品Xが上市されると、それまで製品YとZとのみであったマーケットに新製品が入ってくるのでこれらの既存品は製品Xによってシェアを奪われることになる。しかし、それは製品Xの発売後ただちに起こるわけではなく、製品Xのシェアは徐々に大きくなり、それに伴って製品YやZのマーケットシェアも少しずつ小さくなり、やがてある時期が来ると安定すると考

えられる。以前にも議論した通り医薬品には製品の切り替えが起こりにくい性質があるため、どれほど優れている新製品でもその浸透にはある程度時間がかかる。そこで、新製品の発売後には新製品と既存品との両方のマーケットシェアが時間とともに変化してゆく相が生じるはずであり、それをここでは遷移期と呼ぶことにしよう。それに対して、製品のマーケットシェアが実質的に動かない相を安定期としよう。

ここでマーケットシェアを考える上で以下の3つの概念を検討する。

1） ピークシェア

もともとの意義は製品の売上がピークに到達した時点でのマーケットシェアのことだが、ここでは安定期でのマーケットシェアを指す。すでに議論したように、製品Xのピークシェアはその相対的な製品特性と販売会社のケイパビリティとによって決定されると考えられる。

2） プリファランスシェア

プリファランスシェアについてはすでに第11章で述べたが、すなわち医師に対する市場調査のアウトプットであり、総体としての医師が、市場の各製品に対して頭の中で抱いている選好（プリファランス）のシェアを表している。

3） 実シェア

実シェアとは測定に基づくシェア概念である。同じ市場の同じ製品であっても、測定の方法によっては異なる値を取り得る。たとえば、売上高のシェアは市場における各製品の売上高を測定して算出するが（金額シェアと呼ばれる）、製品ユニットのシェアは各製品の物流量を測定して算出する（ユニットシェアや物量シェアなどと呼ばれる）。製品ユニットごとの価額が異なれば、これらのシェアも異なってくる。レセプトデータベースなどを測定して患者数を算出する患者シェアもあり、プリファランスシェアと比較をする場合には通常はこの患者シェアとの比較をする。

本書で一般的にマーケットシェアという言葉を使う場合にはこれらのシェア

の概念を包括した意味で用いている。しかし、売上予測を構築するときにはこの3つの概念の関係を正しく理解したうえで市場調査を設計し、そのアウトカムを解釈しなければならない。たとえば図13-3に示された時点tにおいて適切な市場調査が実施されたとすると、tは遷移期にあるためにtにおける製品Xの実シェアとプリファランスシェアとは異なるはずである。一方で安定期において実施した市場調査については、この三つは理論的には一致するはずである。

それでは市場調査を行った際のプリファランスシェアと実シェアとの間に乖離がみられる場合には、その結果はどのように考えれば良いのだろうか。一つの解釈は、すなわち市場調査を行った時点ではまだ市場は遷移期にあって、今後実シェアはプリファランスシェアが示すピークシェアに近づいて行くということである。図13-3で言えば、まだtの時点であり、今後更にシェアは増加して行くとみることができる。

今一つの解釈は市場調査のアウトカムであるプリファランスシェアがピークシェアを予測することに失敗しているという場合である。適切な市場調査を行ってもプリファランスシェアがマーケットシェアを再現できない可能性についてはすでに述べた。市場調査には限界がある。だが、実際には市場調査以外の方法でピークシェアを予測することは不可能でもある。どのような理由によって市場調査の結果と実シェアとが一致しないのかを分析することによって、より市場の理解が深まる場合がある。

次の問題は、ピークシェアに到達するまでの時間である。これを示すことによって、将来のマーケットシェアの推移を示す曲線、すなわちアップテイクカーブを描くことができる。これまでにアップテイクカーブを描く方法論については二種類ほど紹介している。一つはBass拡散モデルなどの曲線モデル、今一つは罹患率モデルで用いたフローとストックとのモデルである。

もう一つ良く用いられるのはベンチマークである。すでに上市され、安定期に入っていて、そして製品Xとマーケットの特徴や競合の特性などの状況が似ているような製品を探してきて、そのアップテイクカーブを当てはめる。

この方法の欠点は、特に医薬品の場合はそもそも製品の数も少なく、各種条件が都合良くそろっているような例を見つけることは難しいという点である。そこで、近いものを探してきて、アップテイクカーブに対して影響があるような要素に差異があった場合にそれを調整するという方法が現実的である。

このようにしてアップテイクカーブを描いてみたら、その曲線を分析して実際には各年どの程度の患者数が当該製品で治療されることを想定しているのかということを確認しておきたい。また、同じ市場に別の自社製品を持っている場合には、その製品のマーケティング担当者に、何年目で何人の患者という想定を見せて、違和感がないということを確認しておきたい。とりわけ発売直後の立ち上がりの1~2年は全例調査などの縛りがあったり、治験から継続治療されている患者がいたりするため、患者数などの観点からの最終確認を行うこととセールス部門と足並みをそろえておくこととは、関係者全員にとって納得感のある予測を立てるためには極めて重要なことである。

● 2　シェアの予測のための市場調査の有効性は製品・化合物の開発段階によって変わる

さて、売上を予測する際には当該製品の開発段階によって予測に組み入れることのできる情報の質と量とが異なり、予測の粒度が変化するということはすでに触れた。このことはマーケットシェアの予測においてもあてはまる。市場調査を行う上で決定的に重要なことは、参加者である医師（あるいは患者）が問いかけられている質問の意味を正しく理解し、その質問に対応する情報を提供してくれる、すなわちこの場合は実際の臨床の現場で複数の薬剤選択肢が目の前に並べられたときの想定で、自分の考え方の基準に従って、自分の選択行動を市場調査の場で再現してくれるということである。

たとえば製品Xについての質問をする際に、その製品Xを実際に使ったことがない参加者に対して質問を投げかけることによって得られる情報は限られている。もう少し細かく言えば、製品Xは未発売だがその競合がすでに発売されていて、医師の中に特性寄与率についての概念ができている状態、

つまりどの特性が大事であるかという考え方が整理されている状態と、そうでない状態、つまり競合すらまだ発売されていない、大部分の医師が製品Xの類薬でさえも使用経験が無いような状態とでは、得られる情報の緻密さや量に違いが生じることは自明である。市場調査の有効性と製品の開発段階との関係を図 13-4 に示した。

図 13-4：利用可能な情報の量と売上予測における市場調査の有効性との関係

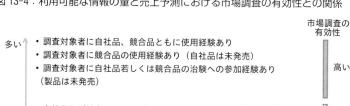

つまり、市場調査に関しては、製品の開発段階に応じて市場調査をして意味がある場合と、得られるものがあまりない、更には誤った情報が得られてしまう場合があるということなのである。参加者である医師がすでに考えていることであればそれを教えてもらうことができても、彼（女）らが考えてもいないことをその場で考えてもらって教えてもらうというのでは良い情報は得られない。なぜならば、それは自らの処方行動に基づいた考えではないからである。我々が予測を立てる際に知りたいのは、最終的に医師が製品Xを好きかどうかということではなく、実際にどの程度の確率で製品Xを処方するかであり、このプリファランスシェアと実際のマーケットシェアとの乖離を考えることは非常に重要である。

では、どの開発段階で市場調査を実施すべきなのだろうか。あまり早期に市場調査をしても、有効な情報は得られず、かえって開発方針を誤らせることになりかねない。更に言えば市場調査はタダではない。それでも開発のなるべく早い段階から市場の声を反映させた開発方針を立てて行きたいという考えも十分に理解できるところである。結局このような方針は経営判断である。筆者の見解では少なくともコンジョイントのような定量的な調査については自社製品または競合製品が発売されているか少なくとも国内で後期開発中であり、何らかの形で参加者が製品についての知識を持っていることが必要であると考えている。

3 定量的な市場調査をしない場合のマーケットシェアの予測

では定量的な市場調査を実施しない場合にはどのようにしてマーケットシェアを予測すれば良いのであろうか。特に、競合製品の製品特性が分からないような場合には、そもそも比較のしようがないのであるから、マーケットシェアを論ずることすらできないはずである。開発中の競合製品の製品特性が分かる場合というのは競合製品の治験の結果が企業によって公表、あるいは文献発表されたような場合に限られるのであり、そのような発表がなされるのは基本的に発売が間近の段階であって（もちろん第II相試験の結果を発表するような場合もありうるが）それまでは相手の製品がどのような顔貌をしているのかは想像するしかない。このような状況ではもちろん市場調査に基づいて正確にマーケットシェアを予測することはできない。

それではこのような場合にはどのように考えてマーケットシェアを予測すれば良いのであろうか。ここでは、マーケットAに対して3つの化合物X, Y, Zが開発中であるという状況を想定してみよう。まず、このような場合に有効なアサンプションはX, Y, Zの3化合物とも製品特性は変わらないと考えることである。製品特性は今の段階では競合はおろか自社品さえも分からない。すると、競合が3つとも発売されるのは製品特性に差がないからであると考えられる。製品特性に少しでも優劣があれば、つまりたとえばZがX

やYに比べて少しでも劣っていれば、医師がZを処方する理由がないので、そもそもZはまったく処方されないはずであり、したがってZは発売されないであろう。ただし現実には、コンジョイント分析の項目で見たように、製品特性を各属性に分解したときに、各製品のそれぞれの属性の水準に差があっても、効用値にトレードオフの関係が成立していれば製品特性が違う製品でも市場に共存できる。しかし、我々にはその情報がないために、競合間の製品特性はまったく同じであると便宜的に考えることには理由があるのである。

製品の特性が同じであれば、それらの製品を販売している各社のケイパビリティによってマーケットシェアが決定されるはずであるが、この各社のケイパビリティを測定し、それをマーケットシェアに反映させることは至難の業である。医師の企業イメージ調査なども行われ、ランキングなども報告されているが、それをどのようにマーケットシェアの予測に反映させれば良いのかということは自明ではない。

そこで、便宜的に良く用いられるのが参入順位 order of entry のモデルである。このモデルの考え方は、マーケットに対して参入した順位の早い製品ほど大きなマーケットシェアを獲得できるとするものである。つまり、先にその市場に参入した企業は、その市場に関する経験をより多く積むのであって、それがその企業のケイパビリティとして蓄積して行く結果、より大きなマーケットシェアの獲得につながるという理屈である。先行者優位については、経験的に納得感が高い考え方であり、情報が少ない中で予測を立てるにあたって頼ることができる数少ない論拠でもある。ここではその参入順位モデルのうちの代表的なものである Zipf の法則と呼ばれているモデルについて解説しよう。Zipf の法則は多くの自然現象や社会現象がこれに従うということがわかっている経験的な法則で、理論的な説明は今のところまたないものの、医薬品を含む多くの消費財における市場参入順位とマーケットシェアとの関係に良くあてはまる法則であるということが知られている。その計算式は以下のとおりである。

$$MS_r = \frac{\dfrac{1}{r^S}}{\sum_{i=1}^{N} \dfrac{1}{i^S}} \cdots ②$$

ここで r は当該製品の参入順位、MS_r は参入順位 r 番目の製品のマーケットシェアであり、N はそのマーケットに参入した競合製品の数、S は定数だが経験的には 1/2 が使われるようである。これを当てはめると図 13-5 のような分布になる。

図 13-5：Zipf の法則によるマーケットシェアの分布

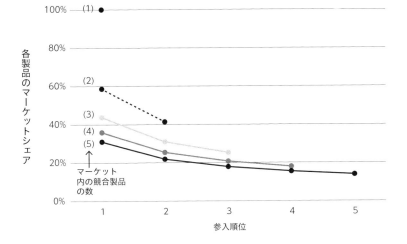

このモデルを用いれば、たとえばある市場への参入製品数が三つである場合に、たとえそれぞれの製品プロファイルを理解していなくても、参入順位が一番手、二番手、三番手の製品について、それぞれのマーケットシェアのアサプションを 43.8%、30.9%、25.3% と置くことができるのである。

このモデルの問題点は、一つは参入順位のみに注目しているために、各競合が参入する時間の間隔についてまったく考慮されていないことである。二番手の製品が一番手の製品の一か月後に競合として参入するのと 3 年後に参入するのとでは、ケイパビリティの差のつき方に違いがあるべきであるが、そ

のようなことは考えに含まれていない。もう一つの問題点は、そもそも参入順位は本当にマーケットシェアを決定するのに重要な要素なのかどうかという点である。たとえば世界でもっとも売れている医薬品であるヒュミラでさえ参入順位は一番ではない。ファースト・イン・クラスになることは意味のあることではあるが、後続がそれを覆せないほどの優位性を与えるものではない、というのがコンセンサスのようである（McKinsey & Company 2014）。この Zipf の法則を用いたマーケットシェアなどはあくまでも暫定的なシェアなのであって、実際に各製品の製品特性が明らかになった場合にはただちに変更されなければならないものであるということを、経営層とは合意しておかなければならない。ただし、参入順位によってマーケットシェアに差がつくというアサンプションは開発速度を速める効果があることは見逃せない側面であり、このモデルの有用性の一つでもある。

本章ではマーケットシェアについて議論したが、売上予測の各要素の中でもマーケットシェアは特にコマーシャル部門出身の経営者層からの注目度が非常に高い要素であり、質問を受けやすい。マーケットシェアの予測に関してだけは、予測担当者は十分に理論武装しておく必要がある。

参考文献

McKinsey & Company. 2014. "Pharma's first-to-market advantage." Accessed January 29, 2016. http://www.mckinsey.com/insights/health_systems_and_services/pharmas_first_to_market_advantage

コラム：競合分析

Zipfの法則をマーケットのシェアの計算に用いるということは、シェアを求めたい製品の競合の数に対してシェアが影響されることを示している。自社製品の発売前だけでなく、発売後もどのような製品が競合として出現するのかということについて、売上予測担当者は常に把握しておかなければならない。総論編でも書いたように、医薬品の場合は発売前には治験を行わなければならず、治験は原則公開されるので、clinicaltrials.govなどの治験公開データベースを参考にすればどのような競合製品がいつごろ出現しそうなのかということを調べることができる。

競合製品の開発状況を時系列に可視化すると、競合の状況をイメージしやすくなる。図13-6はアッヴィのヒュミラのバイオシミラーの競合の状況を時系列に図示したものである。このような図は魚の骨の形に似ていることからフィッシュボーン・チャート fishbone chart などと呼ばれる。グローバル新薬の開発過程においては競合の状況を常に監視するということは極めて重要であり、そのような専門部署を設けている製薬企業も多い。

図13-6：ヒュミラバイオシミラーの開発状況

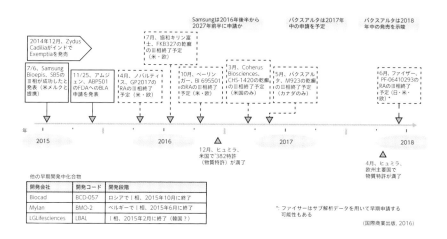

コンジョイント分析を行うことによってマーケットシェアを予測する場合には、自社製品だけでなく競合製品の TPP も設定する必要がある。もちろんすべての情報が得られるわけではないが、実施中の治験はプライマリーエンドポイントを公開するために、競合企業がどのような特性を目指して開発中なのかという情報は得られる。競合製品に関する情報を収集して開発戦略に反映させるということは、グローバルマーケティングの重要な機能の一つである。

参考文献
国際商業出版. 2016. 国際医薬品情報. 1049

第14章 プロジェクトの不確実性の考え方

次章からはプロジェクトの事業性の評価に入って行くが、その話題へのつなぎとしても、プロジェクトの不確実性の考え方について触れておくことは非常に重要なことである。この章では、確率論に基づく期待値の考え方や、ディシジョンツリー分析やモンテカルロ・シミュレーションなどによって、プロジェクトの売上とその不確実性とを合わせて表現することに関して議論する。

1 売上予測に不確実性を加味すること

原点に戻ってプロジェクトの売上予測の目的の議論を思い出してみると、売上予測には大きく4つの目的があり、それは(1)会社の事業性（企業価値）の評価、(2)資源（R&D投資）の配分の基準、(3)マーケティング戦略の構築、そして(4)製造計画の立案であった。これらのうちの特に(2)と(3)とは複数のプロジェクトの比較という観点を含んでいる。ここでは製品 X と Y という仮想プロジェクトの比較をすることを考えてみよう。単純化のために製品 X, Y ともに、2016年の1月1日に発売され、3年間にわたって年間100億円を売上げると予想し、今後将来にわたって発生するプロジェクトに関連するコストは同じであると想定する。製品 X と Y との違いはその開発段階である。製品 X は100%発売できることがわかっているが、製品 Y はまだ治験が終了しておらず、その結果いかんによっては開発が中止され、発売できない、つまり売上は0円となる場合がある。ここではその確率が50%であるということがわかっているものとする。

この二つの開発プロジェクトのいずれかしか選べないという状況になった場合、選ばれるのは当然製品 X であるのだが、この判断は売上予測からだけでは導き出されない。なぜなら、売上予測はいずれのプロジェクトにおいても

同じタイミングで同じ金額を売上げると予測しているからである。このことは、プロジェクトの比較は不確実性の評価なしでは成り立たないということを示している。だが、問題はこの不確実性という要素をどのようにして比較に加味するかということである。一つの考え方は単純に成功確率と売上との積を利用するものであり、つまり統計学的な期待値を用いる方法である。たとえば成功確率で調整した場合、製品Yは期待値として3年間にわたって50億円を売上げるプロジェクトと同等な価値があると考えるのである。

図14-1：リスク評価における期待値的なアプローチとその限界

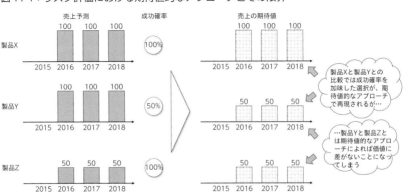

一見数学的には妥当に見えるこの方法には2つの問題点がある。1つは成功確率と売上とは定量的に同質ではないにもかかわらず、同じように見えてしまうので、不確実性の本質がぼやけてしまうということである。たとえば、ここで3年間にわたって50億円を売上げることが100％確実である製品Zを想定すると、期待値的なアプローチによる比較では、製品Yと製品Zとはまったく同じ価値があるということになる。しかし、実際に起こる出来事としては、製品Zは必ず50億円を売上げるが、製品Yは100億円を売上げるか1円も売上げないかのいずれかにしかならず、50億円を売上げるという状況はないのである。このときに、製品Yは現在、3年間にわたって50億円を売上げるのに相当する価値があって、その価値は製品Zと同等であると見

せることは見る人に対して誤解を生じさせる可能性がある。

もう1つの点は、上の指摘ともある程度関連するが、たとえば自分が経営者で製品Yと製品Zとのいずれかに対する投資を決定しなければならない状況を想定してみよう。あなたが自分の運に自信のある若い起業家であれば製品Yを選択するかもしれないし、確実性を好む老獪なオーナー経営者であれば製品Zを選択するかもしれない。しかし、重要なことは、どういう判断をするにあたっても製品Yと製品Zとは同質でなく、人によって状況によって同じ価値としてとらえられるということはないということである。これまでの多くの研究によれば、様々な理由から経営者は一般的にはリスク回避的 risk averse な行動をとる傾向にあることが示されている。すなわち、製品Yよりも製品Zが選択されやすいということである。すると、不確実性の程度である成功確率に単に売上を掛けただけの期待値的なアプローチは数学的には妥当性があっても、経営者の目指したい選択基準に対して十分にこたえることができていないということになる。

したがって、プロジェクトの適切な比較を行うためには不確実性を単に売上の統計学的期待値として計算して評価するだけでは不十分であり、その不確実性の本質をもっと適切に、より詳細に、定量的だけでなく定性的にも表現する方法を与える必要があるのである。それらのアプローチのうち代表的なものを以下に紹介する。

● 2　ディシジョンツリー分析

不確実性の代表的な表現方法はいわゆるディシジョンツリー分析と呼ばれるものである。製品YとZとのディシジョンツリーを示したのが図14-2である。

図 14-2：シンプルなディシジョンツリー

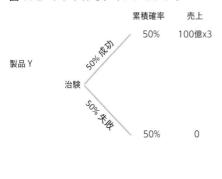

まず分岐部に起こりうる事象とそれぞれの確率とを書く。そしてすべてのシナリオを書き尽くしたところでシナリオごとの累積の確率とそれぞれの売上（または収益、そのシナリオが成立するまでの時間、NPV など）を書く。これによって、製品 Y を選択した場合の不確実性の構造と、製品 Z の場合のそれとを視覚的に対比させることができる。

より複雑な例として、以前にも引用した Paul らの開発成功確率に関する論文のデータを使って、臨床入りする医薬品の一般的な不確実性の構造を分析してみよう (Paul et al. 2010)。図 14-3 の分析によれば、一度臨床入りした化合物の累積成功確率はおよそ 12％で、コストの期待値は 69 百万ドルなので、貨幣の時間的価値 time value of money を無視するとそのコストに見合うために一つの臨床入り化合物が上市後に獲得しなければならない累積収益は 592 百万ドルと計算される。

図 14-3：臨床入りする化合物の成功確率とコストとのシナリオ分析（Paul et al. 2010）

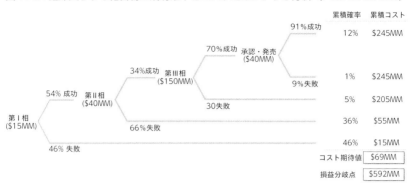

● 3　確率分布が連続的であると仮定する場合の分析法

ディシジョンツリー分析ではすべての分岐点において成功か失敗かのいずれかの事象しか起こらないことが仮定されていた。それをグラフで表現すると図 14-4 のようになるだろう。ある出来事（事象と呼ぶ）の起こりやすさを、その事象ごとに表現したものを確率分布と呼ぶが、この図 14-4 は確率分布を表現したグラフである。このように事象の種類が複数個（この場合は成功と失敗との 2 つで、こういう事象の変数を確率変数と呼ぶ）に決まっているような確率分布を離散的確率分布、あるいは縮めて離散分布と呼ぶ。それに対して、たとえば治験における奏効率は理論的には 0％から 100％までの間のどの値でも取りうる。このような場合には確率変数である奏効率は連続的であるといい、連続的確率変数の確率分布も連続的であるという。例えば第 2 章で議論した失敗リスクは離散的であり、正確性リスクは連続的であると言える。それを例としてグラフで表すと図 14-5 のようになる。ここでは確かに確率変数である奏効率は 0％から 100％までの間のどの値でも取りうるのだが、実際には 50％に近い値を取りやすいということが表現されている。なお、この確率変数と確率との関係を表現している関数を確率密度関数という。

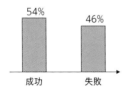
図14-4：離散分布の例（第Ⅰ相試験の成功確率の分布）

図14-5：連続分布の例（治験における奏効率の確率分布）

図14-6に示すように連続的確率分布を導入すると、市場調査、特にコンジョイント分析によって製品特性とマーケットシェアとの関係が理解されているような場合には、予測売上の確率分布を連続的に概念することができるようになる。たとえばこの例では、(a)我々は治験によって明らかになる奏効率の確率分布を知っていると仮定すると、その奏効率とマーケットシェアとの関連性が市場調査によって理解されていれば、(b)マーケットシェアの確率分布も理解され、それに薬価を掛け合わせれば(c)売上の確率分布も理解されるのである。

図14-6：市場調査と治験の結果の連続的確率分布を組み合わせることによって、売上の確率分布を連続的に理解することができる。

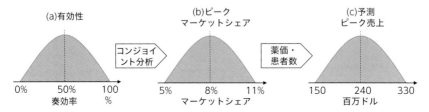

だが、マーケットシェアに影響を与える製品特性は通常は一つではない。我々は特にコンジョイント分析を用いた市場調査をする場合には複数の製品特性のトレードオフを理解しようと試みるのであるが、それぞれの製品特性にはそれぞれに確率分布のアサンプションが立てられるため、複数の確率変数を組み合わせて確率分布を求めるという必要が出てくる。ところが、確率密度関数を複数組み合わせてマーケットシェアの確率密度関数を求めるには

大変複雑な計算が必要になる。そこで、確率密度関数を計算で求めるのではなく、実際に試行を複数回繰り返すことによって、確率密度関数がどのような統計量を取るのかということを理解しようとするアプローチがある。こういう試行によるアプローチをシミュレーションといい、この場合には特にモンテカルロ・シミュレーションと呼ばれている。

図 14-7：モンテカルロシミュレーションの考え方：複数の連続的確率分布の各種統計値を、確率密度関数を直接求めることなく推定する。

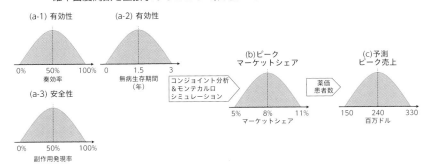

モンテカルロ・シミュレーションでは確率密度関数そのものの計算式を求めることなく図 14-8 のような各種の重要な統計量が求められる。これらの分析を時系列的に図 14-9 のように表現することもできる。また、要素ごとの売上に対する感受性を個別に表現しているのが図 14-10 のトルネードチャートである。これを見ると、このモデルでは売上の感受性がもっとも高い要素が奏効率であるということが理解されるであろう。これらのグラフは直感的に理解されやすいため経営層への説明をする際には有用なツールである。モンテカルロ・シミュレーションは標準的な各種表計算ソフトウェアでも実行することができるが、10,000 回程度の試行を行う場合には専門的なソフトウェアを使う方が、効率が良い。

図14-8：連続分布の各種統計量

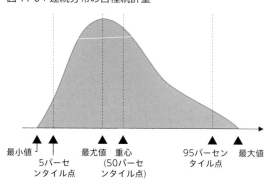

図14-9：連続分布による売上の時系列的な表現方法

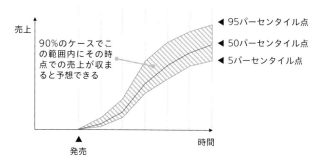

図14-10：トルネードチャートの例（ピーク時売上の感受性分析）

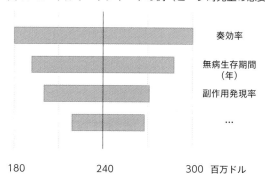

各要素ともに、ピーク売上時の5パーセンタイル点から
95パーセンタイル点までの変動を示す。

このような連続的確率分布による不確実性の表現方法の問題点は、一つには我々がプロジェクトのすべての不確実性に関してその確率分布を理解しているわけではないということである。モンテカルロ・シミュレーションは入力される各要素の確率分布のアサンプションを立てる必要があるが、現実にはそのような意味のあるアサンプションを立てられるだけのデータは医薬品市場には存在しない。すなわちこのようなアサンプションを立てるためには、対象となる化合物と「よく似た化合物」の実績データの蓄積が必要となるが、そのような蓄積はまず存在しない。臨床試験の場合には、試験をデザインするにあたってアウトカムの確率分布についてある程度のアサンプションは立てられる。しかし、売上予測を構成する要素はそれだけではない。薬価の設定や競合の製品特性などはアサンプションが置きにくく、また確率分布もわかりにくい。このような場合でも図14-9に示されているような幅のグラフを、時間をかけて作ることに一体どれほどの意味があるのか、という疑問には単純な回答はない。

もう一つの問題点は、不確実性の表現方法全体の問題でもあり、また最初に議論した不確実性と売上とをどのように組み合わせるのかという問題でもある。つまり、結局プロジェクトどうしを比較して選択するためには、どうしても単一の定量パラメータが必要になってくる。たとえば図14-9のようなグラフを複数個見せられたとしても、経営者の立場からは結局どのプロジェクトに対して投資すれば良いのか判断がつかないであろう。そうであればどうしてもプロジェクトを包括的に評価するような統一的な定量パラメータが必要になってくる。それこそがまさにプロジェクトのNPVなのである。次章以降はこのNPVについて主に議論して行く。

参考文献

Paul, Steven M., Daniel S. Mytelka, Christopher T. Dunwiddie, Charles C. Persinger, Bernard H. Munos, Stacy R. Lindborg and Aaron L. Schacht. 2010. "How to improve R&D productivity: the pharmaceutical industry's grand challenge." *Nature Reviews Drug Discovery* 9: 203-14

Ⅳ
各論編2：医薬品のプロジェクト・バリュエーション

第15章　バリュエーションの理論

　各論編の第2部ではプロジェクト・バリュエーションについて議論する。一般的なプロジェクト・バリュエーションについてはファイナンス関連の良書が数多くあり、それらとの内容の重複は本書の趣旨とは異なる。ここでは最初に少しだけコーポレートファイナンスの基礎に触れたのち、主に医薬品プロジェクトに特有な評価方法や注意点などに焦点を当てて議論する。

● 1　企業価値およびプロジェクト価値の評価とその意義

表 15-1：日本の製薬企業上位 5 社の 2015 年 3 月 31 日付の資産（簿価）と企業価値との比較（いずれも十億円、出典：Yahoo!ファイナンス、2015 年 10 月 1 日調べ）

	資産（簿価）	企業価値	比率*
武田薬品工業	4,296	6,900	61%
アステラス製薬	1,794	4,922	174%
第一三共	1,982	2,030	2%
エーザイ	1,054	2,986	183%
大塚ホールディングス	2,178	2,648	22%

*：企業価値÷資産（簿価）−1

表 15-1 は日本の製薬企業上位 5 社の簿価資産といわゆる企業価値とを比較したものである。企業価値とはこの場合、発行済み株式の時価総額と負債の時価とを合わせた金額であるが、負債について今回は便宜的に簿価で近似している。これを見ると明らかなように、市場が評価する企業の価値は企業が報告している簿価資産の総額よりも大きく、たとえばアステラス製薬やエーザイなどは 2 倍以上の価値が付けられている。このことはすなわち、市場・投資家は総体としていわゆる会計上の資産以上の「何らかの価値」を企業の中に見出しているということに他ならない。この「何らかの価値」とは何で、そもそも企業価値とは何を示しているのだろうか。

企業価値は企業が将来にわたって回収するキャッシュフローに基づいて評価される。図 15-1 に示す通り、企業は債権者や株主から調達した資金を各プロジェクトに投資することによってキャッシュフローを回収する。この投資の態様は貸借対照表の資産の部において表現されるが、貸借対照表を始めとする財務諸表は財務会計上の要請に従って作成されるものであるので会計上の保守主義が適用され、たとえば研究開発投資などは資産計上されずに発生時に費用処理される。すなわち、医薬品企業にとって重要な将来のキャッシュフローの源泉であるパイプラインの価値や既存製品のブランド価値などがここには表現されていない。後者は特に単一の製品の売上が大きく、製品ライフサイクルが比較的長い医薬品産業においては重要である。財務諸表上

表現されないこれらの価値は「見えざる富 unseen wealth」などと言われ、投資家にとってはこの価値を適切に推定することが、適正な時価総額及び目標株価を設定するにあたって極めて重要である。

図 15-1：財務諸表と企業活動（伊藤 2014, 32）

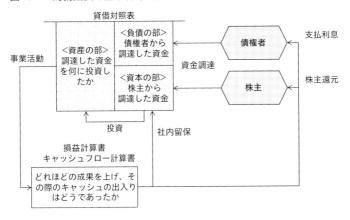

図 15-2 は武田薬品工業とアステラスとの時価ベースでの 15 年 3 月末における貸借対照表の比較を行ったものである。最近、国内首位であった武田薬品に対してアステラスの時価総額が迫っていると報道されたが、この分析によればアステラスは企業価値の総額においては武田薬品には及ばないものの、unseen wealth、すなわちパイプライン価値や製品ブランド価値などにおいてはむしろ武田薬品を 5,000 億円以上上回っていると市場が評価していることを示している。

図 15-2：武田薬品工業とアステラスとの時価ベースの貸借対照表の比較（10 億円）

企業価値がパイプライン価値及び製品ブランド価値を含んで表現していると説明するときに、我々はこれら一つひとつのプロジェクトの価値の総和が企業価値そのものになるという「価値の加法性」を前提にしている。つまり、武田薬品の抱える製品・パイプラインを含むすべてのプロジェクト価値を明らかにすることができれば、つまりその将来にわたって生み出されるキャッシュフローが予測できれば、武田薬品の正しい企業価値を計算することができる。

言うまでもなく、プロジェクト価値の評価は社内の投資判断においても重要である。どのプロジェクトに投資をすべきであるのかということを判断するためにはプロジェクトの価値を定量的に表現した指標を用意する必要があり、その代表的なものが割引キャッシュフロー［discounted cashflow; DCF］法に基づく NPV なのである。企業が限りのある資源を投資して企業価値・株主価値の最大化を目指すにあたっては、それぞれのプロジェクトの NPV を計算して、NPV の大きいプロジェクトから順番に投資可能な資源が枯渇するまで投資を行うか、NPV が正であるプロジェクトが枯渇するまで投資を行い残りの資源は株主に配当すべきなのである。NPV が他の方法と比べて優れている点は、その尺度が貸借対照表上の資産と同じであり、現金・預金などの資産項目と直接比較することができたり、価値の加法性の原則に則って NPV をすべて足し合わせることによって企業価値の総額を計算することができたりするところである。

● 2 DCF 法によるプロジェクト NPV 算定の実務

さて、企業価値は企業が将来にわたって回収するキャッシュフローに基づいて評価されると書いたが、このことは将来回収するキャッシュフローと現在手元にあるキャッシュとを直接比較することは適当ではないということを暗に示している。我々は直感的に、たとえば今受け取る百万円と一年後に百万円受け取ることができるという約束手形との現在における価値は異なるということを理解しているが、このことは将来受け取る現金を現在の価値に換算するときにはその金額を割引いて評価しなければならないこと、そしてそうであればより遠い将来に受け取る現金はより大きく割引いて評価しなければならないということをも示している。

プロジェクト NPV の算定も、そのプロジェクトによって将来にわたってもたらされるすべてのキャッシュフローを現在の価値に割引いて合計したものである。したがって問題となるのは、キャッシュフローと割引率とであり、どのような考え方に基づいて、どのようにしてキャッシュフローと割引率とを求めれば良いのかという点である。それぞれ議論する。

(1) キャッシュフロー

プロジェクトによってもたらされるキャッシュフローは通常は経時的なものである。すなわち、現在からみて何年後にどれだけのキャッシュフローがもたらされるのかということに関する予測が時系列的に、そして多くの場合連続的に立てられる。この予測の出発点となるのが、これまで議論してきた売上予測なのである。我々は売上予測に対して適当な費用のアサンプションを立てることによってプロジェクトからもたらされる利益、厳密には支払利息・税引前利益 [earnings before interest and tax; EBIT] を予測することができる。

さて、プロジェクト NPV を計算するためにはこの EBIT を基に、フリーキャッシュフロー FCF を求める。FCF とはプロジェクトによってもたらさ

れるキャッシュフローのうち、企業が自らの成長の維持のために必要とする資金と税とを除いた、投資家に還元することができる部分である。具体的にはEBITからプロジェクトに関連する正味の投資キャッシュフロー（設備投資−減価償却費）と運転資本（棚卸資産＋売掛金等−買掛金等）の増加額、税金を控除（支払利息は控除しない）する。投資キャッシュフローと運転資本とは企業の持続的成長のためには株主に直接還元することはできない部分であると考えられているためである。

（2） 割引率

将来もたらされるキャッシュフローは手持ちの同じ金額のキャッシュより現在価値が低い。その低さの程度を示しているのがこの割引率である。割引率は何に基づいて、どのようにして決定されるのであろうか。

プロジェクトAの割引率は投資家の立場から集合的に見て「プロジェクトAのような類のプロジェクトであればこのくらいのリターン（利率）が欲しい」という期待の程度によって決定される。これはつまり、プロジェクトAの類のプロジェクトは他にもいろいろとあるのだが、プロジェクトAに投資しないのであればその資金を使って同じ類のプロジェクトであるプロジェクトBに投資できるのであり、仮にプロジェクトBの期待リターンが年率6％である場合、すなわち仮にプロジェクトBに100万円投資した場合には翌年は106万円になって返ってくることが期待できる場合には、プロジェクトAの期待リターンが年率6％を下回る場合は損をする判断をすることになってしまうので、投資家は「少なくともプロジェクトAの期待リターンは6％でなければならない」と考えるはずである。このとき、プロジェクトAの資本コストは6％であるといい、その本質はベンチマークとなるプロジェクトBへの投資機会損失である。

ではこの「類」というのは何で、投資家は何を基準に自分の要求するリターンを決定しているのだろうか。現在もっとも有力な期待リターン決定理論の一つである資本資産評価モデル［capital asset pricing model; CAPM］によれ

ば、投資家はプロジェクト A の期待リターンをそのプロジェクトのリスクの程度によって決定すると考えられている。つまり投資家はリスクの高いプロジェクトに投資するときには高いリターンを期待するということである。ここでリスクという場合は第 2 章で議論したリターンの不確実性のことを差している。個々のプロジェクトのリスクの決定要因はビジネスの本質の中にあり、それは金利や為替、原油価格の変動、景気の動向などに対する感受性などによって決定されると考えられている。したがって同じ業界に属している企業は同じ程度のリスクに晒されていると考えられるため、いわば業界に固有のリスクを想定することができ、とすれば投資家は同じ業界のプロジェクトに対しては同じリターンを期待するに違いない。実際には、医薬品産業のリスクは平均的な産業のリスクに対して小さいと考えられており、その理由としては医薬品の需要が景気の動向に左右されにくいと考えられているからである。

このように、リスクと資本コストとは、業界の固有のレベル、企業レベル、それにプロジェクトレベルの三つのレベルで考えることができる。このうち外部投資家が個別に投資できるのは業界レベルと企業レベルであり、プロジェクトごとに個別に投資できるのはそのプロジェクトを実施している企業のみであると言える。どのようなレベルでも基本的な考え方の枠組みは同じであり、投資家はリスクが高い投資案件に対しては高いリターンを期待するので、企業の場合は企業の発行する株券及び債券のリスクの程度から CAPM を用いて平均の期待リターンを計算すれば良い。プロジェクトの場合も、何らかの形でプロジェクト自体のリターンのリスクを測定することができれば同じ考え方から期待リターンを算定できるが、実際にはそのプロジェクト単体のリスクを測定することはそれほど簡単ではない。したがって、実務的には、企業の資本コストを社内のすべてのプロジェクトに当てはめるということが行われる。

表15-2：業界、企業、プロジェクトの各レベルにおける資本コスト率

業界 (例えば医薬品産業)	企業 (例えばアステラス)	プロジェクト (例えばイクスタンジ)
・同一の業界にいる企業は同じ程度のリスクにさらされているケースが多い ・医薬品業界は製品の安定的な需要とそれを支える公的なサポート体制とによって業界としてはリスクが小さいセクターであると考えられている	・個別の企業の資本コストはその企業の発行するすべての株券と債券との平均の期待リターンである ・代表的な計算方法にWACCがある。WACCはビジネスのリスクと資本構成とによって決定される	・理論上は一つ一つのプロジェクトには固有のリスクの程度があり、それに基づいてプロジェクト固有の資本コストが概念できる ・実務上はプロジェクト固有のリスクの程度を算出することは難しく、WACCを全てのプロジェクトに一律に適用する場合が多い

企業の資本コストの求め方のうち、代表的なものは加重平均資本コスト [weighted average cost of capital; WACC] と呼ばれ、以下の式で求められる。

$$WACC = (1-T_c)r_D\frac{D}{V} + r_E\frac{E}{V}$$

このとき、T_c は限界法人税率、r_D と r_E とはそれぞれ負債と資本とのコスト率、D は負債の時価額、E は資本の時価総額、そして V は D+E すなわち企業価値である。すなわち、文字通り負債と資本とのコスト率をそれぞれの構成比率を用いて加重平均したものであるが、現在殆どの国の法人税制において支払利息は課税控除対象であるため、その分が負債の資本コストから割り引かれている（FCF の計算には税引前の利益を用いていたことを思い出してもらいたい）。$(1-T_c)r_D$ の係数の部分は税引後負債コストと呼ばれることもあり、上の計算式によって求められた WACC も税引き後 WACC と呼ばれることもある。

この式が示すところは、ある企業の WACC を求めるにはその資本構成と税率、そして負債と資本とのコスト率を求めれば良いということである。このうち負債のコスト率はすなわち有利子負債の平均利子率のことであり、財務諸表を見れば計算できる。資本コストについては、CAPM に基づけば株主がリスクの程度に応じて期待するリターンであり、その企業の株式のリターンのリスクの程度を測定することによって計算することができる。このよう

にして求められた WACC を用いて企業のプロジェクトからもたらされる FCF を割り引いてプロジェクトの NPV を計算するのである。

以上プロジェクトのバリュエーションを行うにあたっての考え方と、その各要素の概要について、ごく簡単に考察した。売上予測担当者がファイナンスと兼任でない限り、実際に NPV 計算を行う段階では割引率はファイナンス部門から与えられるものを使うことになると考えられるので、売上予測担当者が実際に計算しなければならないのはキャッシュフローの部分である。次章はプロジェクト NPV を実際に計算するにあたっての手順について具体的に解説を加えてゆきたい。

参考文献
伊藤, 邦雄. 2014. *新・企業価値評価*. 東京都: 日本経済新聞出版社.

第16章 バリュエーションの実務

まずはプロジェクトのバリュエーションのプロセスについて確認する。
(1) 売上を経時的に予測する
(2) コストを経時的に予測し、支払利息・税引き前利益 EBIT を計算する
(3) EBIT をフリーキャッシュフロー FCF に調整する
(4) それぞれの時点の FCF を現在価値に割り引いて合算する

それでは今回の模擬ケースをみてみよう。今回のプロジェクトは 2015 年現在で第 II 相試験が終了しており、これから第 III 相試験に入るかどうかの判断のための事業性評価を実施する必要があるとする。今回は表 16-1 のようなアサンプションを設定した。

表 16-1：アサンプションの一覧

売上

発売時期	2020 年
特許期間満了時期	2030 年
ピークセールス	200 億円
ピーク到達までの期間	7 年
特許期間満了後の売上の減少	初年度 60% 減、その後 15% ずつ減少

コスト

製造原価の対売上	20%
ピーク時（発売 2 年後）販売費	75 億
特許満了前の成熟期の販売費の対売上	15%
特許満了後の安定期の販売費の対売上	5%
オーバーヘッド費用の按分の対売上	10%
第 III 相試験の費用	3 年間 × 20 億
その他研究開発費用（安定性試験、治験薬の調達など）	発売まで毎年 5 億円
市販後臨床試験のコスト	発売年から 3 年間 × 15 億円

FCF 計算上のパラメータ

運転資本の増減	売上対前年差分の10%
プロジェクト固有の設備投資	0円
実効税率	25%
割引率	10%

このアサンプションに基づいて構築したバリュエーションモデルが表16-2である。

表16-2：ケースにおけるバリュエーションのためのモデル（単位：億円）

事業年度	2016	2017	2018	2019	2020	2021	2022	2023	2024	2025	2026	2027	2028	2029	2030	2031	2032	2033	2034	2035
売上	0	0	0	0	27	66	111	149	174	188	194	197	199	199	200	80	68	58	49	42
製造原価	0	0	0	0	5	13	22	30	35	38	39	39	40	40	40	16	14	12	10	8
販売費	0	0	5	20	50	75	65	50	40	28	29	30	30	30	30	4	3	3	2	2
オーバーヘッド費用按分	0	0	0	0	3	7	11	15	17	19	19	20	20	20	20	8	7	6	5	4
研究開発費	25	25	25	5	15	15	15	0	0	0	0	0	0	0	0	0	0	0	0	0
EBIT	-25	-25	-30	-25	-46	-44	-2	54	82	103	107	108	109	109	110	52	44	38	32	27
設備投資－減価償却費	0	0	0	0	0	0	0	0	0	0	0	0	0	0	0	0	0	0	0	0
運転資本の増減	0	0	0	0	3	4	5	4	3	1	1	0	0	0	0	-12	-1	-1	-1	-1
実効税率	0	0	0	0	0	0	0	14	20	26	27	27	27	27	28	13	11	9	8	7
FCF	-25	-25	-30	-25	-49	-48	-7	37	59	76	79	81	82	82	82	51	34	29	25	21
各年のFCFの現在価値	-25.0	-22.7	-24.8	-18.8	-33.3	-29.6	-3.8	18.9	27.5	32.3	30.6	28.4	26.1	23.8	21.7	12.2	7.5	5.8	4.5	*13.8

*:13.8億円は2035年以降のターミナルバリュー

割引率	10%
NPV	94.9

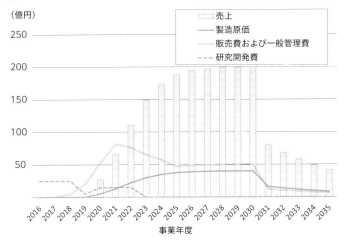

図16-1：バリュエーションのモデル

それぞれのアサンプションについて留意すべきことを順に議論して行こう。

● 1　売上のアサンプション

売上予測についてはすでにこれまで十分に議論されているので詳細はその項目に譲るが、発売時期、売上のアップテイクカーブ、特許期間の満了時期などは特に NPV に影響が出るパラメータである。発売時期については臨床開発のプロジェクトマネジャー、薬事、薬価担当者、グローバル製品であれば発売各国の担当者などとも調整が取れていなければならないし、アップテイクカーブについてはマーケティング担当者、特許期間の満了時期については知的財産部門と合意しておく必要がある。

予測担当者とファイナンス担当者とを悩ませる問題の一つに予測期間がある。一体いつまで予測すれば良くて、予測期間よりも未来における FCF についてはどのように考えるのが適当であろうか。良く犯してしまう間違いは、特許期間満了後の FCF を無視してしまうことである。今回のケースでも、2030 年は 15 年後であり、割引率が 10% という想定にしていると $(1-0.1)^{15} \approx 0.2$、すなわち 15 年後に入金される 1 円の現在価値は 20 銭しかなく、また特許期間満了後の売上はピーク時の 40% 以下であり、将来価値としても小さいので無視できると考えがちである。また、15 年後の製品の後発品による浸食の程度に影響を与える環境要因について想定を置くことが難しいことも、特許期間満了後の FCF が軽視される原因であろう。しかし、果たして特許期間満了後の FCF は無視できるほど小さいものなのであろうか。

モデルを見てもわかる通り、2031 年以降の FCF の現在価値の合計は決して小さくない。95 億円の NPV のうちの実に半分近くに相当する 44 億円が、特許期間満了後にもたらされる FCF から来ているのである。特許期間が満了した製品はノンプロモーション品となって、コストがほぼかからないいわゆる「キャッシュ・カウ cash cow」製品になるため、プロジェクトの NPV を押し上げる重要な部分なのである。逆に言うと、特許期間中の FCF だけに基づいて投資判断をすることはプロジェクトの価値を過小評価し、投資判断を誤ることになる[8]。

それでは特許期間満了後のキャッシュフローの現在価値を計算するためには、どのようなアサンプションを置き、どのような方法で計算すれば良いのであろうか。マーケティングにおいては、製品一般には売上に関するライフサイクルがあると解釈されており、導入期・成長期・成熟期・衰退期などと呼ばれている。この衰退期の後に、製品の成長率 g が恒久的に一定である「安定期」とでも言うべき時期を想定してみよう。マーケティング的にはこの時期にはすでに製品は市場において十分認知されていて必要最低限の企業活動で製品が売れており、市場も十分に成熟しており新規の競合などの参入もないため、製品のパフォーマンスには将来にわたってほぼ変動がない状態であると解釈される。今回のケースにおいては 2031 年以降、売上は毎年 15％ずつマイナス成長するというアサンプションが安定期に相当し、すなわち g=-0.15 である。この時に割引率を r とおくと、たとえば 2031 年におけるキャッシュフローが C_{2031} であった場合、2031 年におけるそれ以降の将来のキャッシュフローの価値 V_{2031} は、成長する年金 growing perpetuity の公式を当てはめることによって求めることができる[9]。

$$V_{2031} = \frac{C_{2031}}{r-g} \cdots ①$$

---

[8] 日本の医薬品企業が長期収載品のビジネスによって成り立って来たことがこの視点からも垣間見えると言える。

[9] 2031 年における、2031 年以降のキャッシュフローの価値は、各年のキャッシュフローを 2031 年価値に割り引いたものであるので、③式のように表せる。

$$V_{2031} = \frac{C_{2031}}{1+r} + \frac{C_{2032}}{(1+r)^2} + \frac{C_{2033}}{(1+r)^3} + \cdots ③$$

各年のキャッシュフローは 2031 年のキャッシュフローに対して年率 g％で成長するので、以下のように置き換えられる。

$$V_{2031} = \frac{C_{2031}}{1+r} + \frac{C_{2031}(1+g)}{(1+r)^2} + \frac{C_{2031}(1+g)^2}{(1+r)^3} + \cdots ④$$

④式の両辺に $\frac{1+g}{1+r}$ を掛けると、

$$\frac{1+g}{1+r} V_{2031} = \frac{C_{2031}(1+g)}{(1+r)^2} + \frac{C_{2031}(1+g)^2}{(1+r)^3} + \frac{C_{2031}(1+g)^3}{3(1+r)^4} + \cdots ⑤$$

したがって⑤-④より、

$$V_{2031} - \frac{1+g}{1+r} V_{2031} = \frac{C_{2031}}{1+r}$$

これを V_{2031} について解くと、$V_{2031} = \frac{C_{2031}}{r-g}$

したがって、これを15年前である2016年の現在価値に割り引くための式は以下のようになる。

$$TV = \frac{V_{2031}}{(1+r)^{15}} = \frac{C_{2031}}{(r-g)(1+r)^{15}} \cdots ②$$

表16-2では2034年までは毎年計算して、2035年にこの公式を当てはめてそれ以降の期間のFCFの現在価値を求めている。この計算方法によって求められた、最終予測年度以降の価値のことをターミナルバリュー［terminal value; TV］という。TVを求めるためには、製品ライフサイクルの安定期におけるFCFの成長率のアサンプションを立てる必要がある。つまり、安定期における売上の成長率が将来にわたって一定であり、すべてのコストが成長率に対して一定の比率を取るというアサンプションが必要になる。

2　コストのアサンプション

さて、これまでコストについてはほとんど考慮してこなかったが、バリュエーションを行う上ではこれは避けて通ることはできない。プロジェクトのバリュエーションを行う際に考慮しなければならないコストは3つあり、すなわち原材料費［cost of goods sold; CoGS］、販売費および一般管理費［sales, general & administrative cost; SG&A］、そして研究開発費R&D costである。図16-1は今回のモデルにおけるこの3つのコストの経時的な推移をグラフ化したものである。製品のライフサイクルに対応して、それぞれのコストのサイクルも考えることができることが理解されると思う。R&D費用は発売の前から大きくかかり、発売後しばらく持続するが製品が成熟するころには減少する。一方でSG&Aは発売の2年ほど前から発生し始め、製品ライフサイクルの成長期にピークを迎え、やがて収束する。CoGSは製品の売上高と基本的に同じ振る舞いをするということである。

各要素についてアサンプションを立てる際には二つのアプローチがある。一つは、実際にかかる費用を計算して、積み上げて行くという方法である。具体的には、たとえばCoGSでは有効成分1kg当たりの製造コストなどを

CMC 担当者に一つひとつ聞いて立てて行くということである。この方法では比較的緻密な予測が立てられるものの、将来にわたっての製造コストを一つひとつ積み上げて行くことは煩雑でもあり、また早い段階にあるプロジェクトでは予測そのものが難しいということもある。そのような場合には、会社全体としての損益計算書の CoGS をベンチマークにしてアサンプションを立てるというのも有効な方法である。参考までに表 16-3 にグローバル大手 5 社の 2014 年における損益計算書からのコスト構造を示す。予測担当者は自社のコスト構造をベンチマークしてコストのアサンプションを立てたうえで、参考情報として他社の数字も頭に入れておくと良い。

表 16-3：グローバル大手 5 社の 2014 年の事業コスト構造（%、各社のアニュアルレポートより）

	ファイザー	メルク	ノバルティス	ロシュ	サノフィ
製造原価 CoGS	19.3	39.7	33.1	28.2	32.7
販管費 SG&A	28.4	27.5	28.6	26.3	27
研究開発費 R&D	16.9	17	17.3	20.9	14.3

それではそれぞれのコストを詳細に検討してゆこう。

(1) CoGS

CoGS はいわゆる変動費であり、製品 1 単位当たりにかかってくるコストである。したがって、アサンプションは売上に対して x% というような置き方になる。これには狭義の製造費だけでなく、ライセンス契約に関わるロイヤリティなども含まれる。以下に CoGS に対して影響を与える可能性のある要素を列記する。

1） 製造にかかる費用

化合物が低分子か生物学的製剤か／全合成か抽出か／合成ステップ数が多いか／製造の際に他社（者）によって特許化されている技術を使っているか

2） 導入品か自社品か

ロイヤリティも通常は CoGS に含まれるため、導入品は自社製品よりも一般的に高くなる。

3） 将来にわたる変動

通常であれば製造量が増えるに従って規模の経済の効果によってCoGSの売上に対しての割合は低下するはずである。また、プロセス開発によってCoGSが改善することもある。一方でライフサイクル・マネジメントとして新製剤を導入するような場合にもCoGSは影響を受ける場合がある。

（2） SG&A

SG&Aは通常は固定費であり、定義の上では製品の売上に対する比率としては考慮しない。しかしながら、管理会計的な観点からSG&Aの売上に対する比率をコントロールしている企業も多く、したがってSG&Aについても特に製品ライフサイクルが成熟期に達している製品については便宜的にその時期の売上のx%というアサンプションの置き方をすることができる。

一方でSG&Aについては積み上げるアプローチも重要である。SG&Aの大きな部分を占めるのが人件費であり、それぞれの製品に対してどの程度のいわゆるFTEをかけるのか、人を雇い始める時期、そして1FTE当たりのコストのアサンプションを明確にしておくことはコマーシャルエクセレンスの観点から極めて重要である。また人件費以外の販売費についても、何にいくら使うのかということをマーケティング担当者と合意しておくべきである。この2点を組み合わせると、すなわち製品ライフサイクルにおける導入期及び成長期においてはSG&Aは積み上げて計算し、成熟期以降は売上に対する比率という形でアサンプションを立てるというのが納得感のある方法である。モデルでは2025年以前の販売費は積み上げ、それ以降は売上の15%になるように計算した。

さて、ここで我々が議論しているのはいわゆる製品の損益であり、製品に関わるコストすなわち直接費のみを考慮している。だが、製品に直接関わらないオーバーヘッド費用も会社には存在する。これをどのように取り扱うのかということはそれぞれの会社のコスト配分方針の問題であるが、今回のケースではこのオーバーヘッド費用は売上の大きさに応じて各製品に按分すると

いう前提のもとに、製品売上の10%をそれに充てるアサンプションを立てた。逆に言うと、全社売上の10%がオーバーヘッド費用であると仮定したのである。この方法を採用することによって、別途オーバーヘッド費用の現在価値を計算することなく、すべての社内プロジェクトの現在価値を合算すれば価値の加法性の原則に従って会社の現在価値を求めることができるのである。注意点としては、このオーバーヘッド費用には減価償却費が含まれているということである。これについては後ほど解説する。

表16-4：今回のケースにおける製品ライフサイクルごとのSG&Aのアサンプション

製品ライフサイクル	導入期・成長期	成熟期・衰退期	安定期
直接費	積み上げによって計算（ピークが2年目で80億円）	売上に対して一定の比率（15%）	売上に対して一定の比率（5%）
オーバーヘッド費用	売上に対して一定の比率で按分（10%）		

以上の内容を表16-4にまとめてみた。このアサンプションによれば、この企業が定期的に新製品を発売していれば結果的に製品ポートフォリオ全体のSG&Aは30%弱にコントロールできることになり、グローバル大手のコスト構造と比較しても説明しやすい。

（3）R&D

研究開発費は完全な固定費であって、売上とは独立して考えるべきものである。計算方法も積み上げによる外はない。通常、研究開発費は緻密な計算のもとに開発部門が提出してくるので、それをそのまま用いれば良い。研究開発費において注意しなければならないのはいわゆるメディカル部門のコストである。これをR&Dに含めるのか、SG&Aとするのかは各企業の考え方による。

3 EBITからFCFを計算して求める

ここまでのアサンプションで製品ごとの損益計算書、いわゆる製品P&Lが作られ、製品ごとのEBITが求められる。これに対して以下の3つの調整を

行うことによって簡便にFCFを計算することができる。この調整は、プロジェクトの現在価値が問題にしているのが、将来の各時点で実際に発生するキャッシュフローから事業の継続に必要な投資に伴うキャッシュフローを控除したもの、すなわち企業が株主や債権者に自由に分配できるキャッシュフローであって、発生主義に基づく企業活動ではないために必要となるのである。

（1） 設備投資と減価償却費との調整

SG&Aには減価償却費が含まれるため、EBITは減価償却費を控除した利益である。だが減価償却費はキャッシュフローを伴わない。そこでEBITに対して減価償却費を戻してやらなければならない。一方で、設備投資額はEBITには含まれないが実際のキャッシュフローは発生するためにEBITから差し引かなければならない。このように、固定資産を購入した場合には発生主義に基づけばその購入費用は固定資産の使用期間にわたって費用配分することになるわけだが、これによって現金の出納と費用の発生のタイミングとをずらしていることになる。しかし、現実には購入のタイミングで手許現金を株主に配当として還元するのでなく、設備投資に回すという選択をしている。したがって、そのタイミングでEBITから控除するのである。FCFには現在価値への割引の概念が入ってくるため、タイミングは重要である。一方、実務レベルでは、たとえば専用の細胞培養設備のような製品固有の設備投資が必要となるような状況であれば、それは製品のFCFを計算する場合には考慮されなければならない。しかしながら医薬品企業の場合には、この設備投資と減価償却との調整は、特にバイオテック・スタートアップ企業でもない限り実務レベルでは無視できると考えられる。なぜならば製薬企業が行う設備投資は、研究所や販売拠点など、基本的には汎用性がある設備である場合が多くしたがって各プロジェクトに対して設備投資額を按分することが難しいためである。加えて、設備投資自体は継続的に実施されているため、減価償却費と設備投資額とは基本的にほぼ同額になると考えても差しつ

かえない。一方、研究開発費に対する設備投資の金額が比較的小さいのも医薬品産業の特徴である。したがって、今回のケースではこの部分の調整はしないというアサンプションになっている。

（2） 運転資本の増減の調整

運転資本についても考え方は設備投資と減価償却との関係と同様であり、発生主義を現金主義に調整しなおすというのが趣旨である。売掛金や在庫などの増加分よりも買掛金や支払手形などの増加分が上回っているときには、プロジェクトは資金ショートを起こしていると考えられるので、その部分を調整する。

運転資本については製品固有の売掛金や在庫などを概念できるので、自社内の他の類似製品の売上と運転資本残高との関係を測定することによって、予測したい製品の運転資本の推移のアサンプションを立てることができる。今回のケースでは売上の対前年増加額の10%に相当する分の運転資本の増減が見られると推定している。

（3） 法人税

今回、実効法人税率は25%で推移すると仮定した。この法人税もEBITから控除する。

4 各年のFCFを現在価値に割り引いて合計しNPVを得る

各年のFCFを割引率に基づいて現在価値に割り戻し、TVも含めて合算することによってNPVを求める。

5 rNPVの考え方とディシジョンツリー分析のプロセス

さて、これまで議論してきたDCF法によるNPVの計算は、そのプロジェクトの開発の成功を前提として、そのプロジェクトが辿りうるシナリオの一つを抽出してモデル化したと考えることができる。この方法でプロジェクトの

バリュエーションを行うにあたっては二つの問題点がある。それは本書で再三にわたって取り上げている失敗リスクと正確性リスクとに関する問題である。

(1) プロジェクトの成功確率の問題

一つ目の問題点は失敗リスクを考慮していない点である。この場合の成功とはここでは薬事承認を受けることである。医薬品産業はハイリスク・ハイリターンが特徴であり、しかも開発に失敗した場合にはプロジェクトの価値は基本的にゼロになってしまう。したがって製薬企業は、数多くのパイプライン・プロジェクトを備えてそのうちのいくつかが成功することを期待するという戦略になる。この時にパイプライン・プロジェクトのそれぞれの成功確率に関するアサンプションを立て、それをバリュエーションに含めて行くことが必要になる。すべてのパイプラインの開発が成功するという前提では企業価値を過大評価してしまうことになる。

(2) プロジェクトからもたらされる価値の不確実性に関する問題

今一つの問題点は不確実性リスクを考慮していない点である。開発が成功すると想定した場合でも、たとえば治験のアウトカムによっては売上も影響を受け、プロジェクトの価値もさまざまな大きさを取りうる。開発成功の場合であっても、商業的には成功でない場合もありうる。そのような状況が想定でき、かつその状況の確率分布が理解されている場合には、成功の場合の中にさらに複数のシナリオを想定することによって、不確実性をより正確にバリュエーションに織り込むことができる。

このようなリスクを含めて計算された期待値としてのNPVをリスク調整risk adjusted-NPVあるいはrNPVと呼んでいる。rNPVは、リスクの章でも取り上げたディシジョンツリーによって表現することで理解されやすくなる。そこで、今回のケースに複数のシナリオの成功確率とアウトカムとに関するアサンプションを追加してrNPVを計算してみよう。

（3） 臨床試験のアウトカムシナリオとその確率分布の設定

2015年末の現在、化合物Xは第Ⅲ相の直前の開発段階にある。第Ⅲ相試験は3年間に及び、2018年末に結果が判明する。したがって、2015年末の現在と、2018年末との2つの時点でgo/no goの判断ができることになる。臨床試験のデザインや、これまでのこの疾患領域の他の臨床試験の成績などから以下のような可能性があることがわかった。

- シナリオ1：化合物Xは既存薬に対して統計学的に優越であることが証明される（30％）。
- シナリオ2：化合物Xは既存薬に対して統計学的に優越ではないが、非劣性ではあることが証明される（30％）。
- シナリオ3：化合物Xはプラセボに対して優越だが既存薬に対しては非劣性であることが証明されない（20％）。
- シナリオ4：試験は安全性その他の問題によって失敗に終わる（20％）[10]。

カッコの中はそれぞれのシナリオが起こる確率の推定である。プロジェクトの失敗リスクに関する確率の推定は、後ほど触れるベンチマークを用いるのが一般的である。プロジェクトの不確実性リスクに関する確率は臨床試験のデザインを基に推定することができる。これらのリスクの設定については社内統計家のコンサルティングを受けるのが良いだろう。

（4） 各シナリオのNPVの計算

シナリオのデザインについて社内的な合意が得られた場合には、それぞれのシナリオについてNPVを計算する。大切なことは各シナリオのアウトカムの違いに対して感受性のあるパラメータを的確に分析することであり、このケースの場合もっとも重要なのはシナリオ1〜3における売上予測、その中

---

[10] 今回のケースでは便宜的に試験が途中で中断されることはないと仮定しておく。厳密には中間解析の時点とそれまでにかかる予定のコストの金額、それに中間解析の結果試験が中断される確率を計算してディシジョンツリーを描いておくべきである。

でも特にマーケットシェアである（シナリオ4ではそもそも発売できないために考える必要はない）。したがって、この合意されたシナリオの構造に基づいて市場調査を行い、それによって得られたマーケットシェアに基づいて各シナリオの売上を予測し、それにコストのアサンプションを加味してNPVを計算するのである。まずはそれぞれのシナリオのアサンプションを一覧にしてみよう。

表16-5：シナリオごとのアサンプションの一覧

		シナリオ1	シナリオ2	シナリオ3
売上				
	発売時期	2020年		
	特許期間満了時期	2030年		
	ピークセールス	200億円	150億円	50億円
	ピーク到達までの期間	7年	9年	11年
	特許期間満了後の売上の減少	初年度60%減、その後15%ずつ減少		
コスト				
	製造原価の対売上	20%		
	ピーク時（発売2年後）販売費	75億	50億	20億
	特許満了前の安定期の販売費の対売上	15%		
	特許満了後の安定期の販売費の対売上	5%		
	オーバーヘッド費用の按分の対売上	10%		
	Phase Ⅲの費用	3年間×20億		
	その他研究開発費用（安定性試験、治験薬の調達など）	発売まで毎年5億円		
	市販後臨床試験のコスト	発売年から3年間×15億円		
FCF計算上のパラメータ				
	運転資本の増減	売上対前年差分の10%		
	プロジェクト固有の設備投資	0円		
	実効税率	25%		
割引率		10%		

ここでは市場調査の結果、シナリオごとのピーク時売上とピーク到達までのアップテイクの速度とについて異なる予測を行った。また、それに伴ってピーク時販売費を調整した。その予測の時系列的推移を可視化したのが図16-2、3および4である。

第 16 章　バリュエーションの実務　193

図 16-2：シナリオ 1 の売上推移及びコストの推移

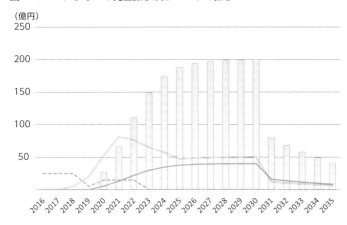

図 16-3：シナリオ 2 の売上推移及びコストの推移

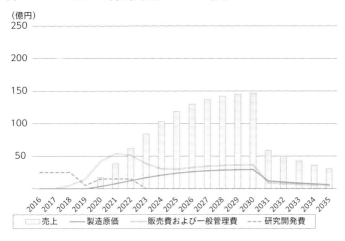

図 16-4：シナリオ 3 の売上推移及びコストの推移

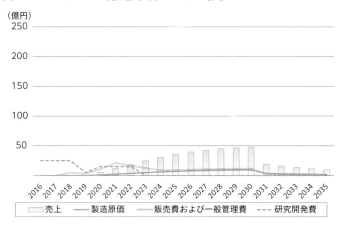

このアサンプションに基づいて計算した各シナリオの NPV は表 16-6 のようになった。

表 16-6：各シナリオの NPV

	NPV（億円）	確率
シナリオ 1	94.9	30%
シナリオ 2	17.3	30%
シナリオ 3	-67.6	20%
シナリオ 4	-72.5	20%

これをディシジョンツリーに表現すると、図 16-5 のようになる。

図16-5：アサンプションに基づくディシジョンツリー

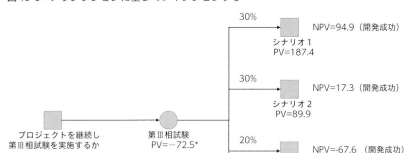

この加重平均を行うことによって、rNPVを求めることができる。

94.9×30％＋17.3×30％＋−67.6×20％＋−72.5×20％≅5.6…①

rNPVは5.6億円で0以上であるため、プロジェクトは実施すべきであるという結論が得られる。

ここでいくつか留意すべき点があるので説明したい。

（5） 一度判断した後で次に判断を行うまでに生じるコストはいわゆるサンクコストとなり、その後の判断には影響を及ぼさない

第Ⅲ相試験のアウトカムが不幸にしてシナリオ3、すなわち対照薬に対して非劣性すら証明できなかった場合、NPVは-63.5億円であり、2015年末の時点から見てプロジェクトの価値はネガティブである。このような場合にプロジェクトは継続されるのだろうか。

2015年の末の時点でプロジェクトにgoの判断が下された後は2018年の末までは化合物がどのシナリオに辿り着くかはわからない。2018年の末の時点で初めてプロジェクトのシナリオ、すなわち化合物Xの真の特性が判明し、プロジェクト全体の価値が判明するのであるが、この時点ではすでに第

Ⅲ相試験のコストと 2018 年に使った 5 億円の販売費とはサンクコストとなっているため、その後プロジェクトが継続されるかどうかは 2018 年末の時点から未来に向かって PV が 0 以上になるかどうかで決定される。化合物 X が対照薬に対して非劣性を証明できない場合であっても、2018 年末から前向きに見たときの PV は 4.9 億円であるためプロジェクトは 2018 年末の時点では継続することが企業価値の向上に寄与するのである。その証拠に、プロジェクトを継続した場合の PV=-67.6 億円は、中断した場合の PV=-72.5 億円を上回っている。シナリオ 3 の場合のモデルを表 16-7 に示す。

表16-7：シナリオ3のモデル（単位：億円）

事業年度	2016	2017	2018	2019	2020	2021	2022	2023	2024	2025	2026	2027	2028	2029	2030	2031	2032	2033	2034	2035
売上	0	0	0	0	5	12	18	25	31	36	40	43	45	47	48	19	16	14	12	10
製造原価	0	0	0	0	1	2	4	5	6	7	8	9	9	9	10	4	3	3	2	2
販売費	0	0	5	3	10	20	15	10	6	5	6	6	7	7	7	1	1	1	1	0
オーバーヘッド費用按分	0	0	0	0	1	1	2	3	4	4	4	4	5	5	5	2	2	1	1	1
研究開発費	25	25	25	5	15	15	15	0	0	0	0	0	0	0	0	0	0	0	0	0
EBIT	-25	-25	-30	-8	-21	-27	-17	7	16	20	22	24	25	26	26	12	11	9	8	6
設備投資－減価償却費	0	0	0	0	0	0	0	0	0	0	0	0	0	0	0	0	0	0	0	0
運転資本の増減	0	0	0	0	0	1	1	1	1	1	1	0	0	0	0	-3	0	0	0	0
実効税率	0	0	0	0	0	0	0	2	5	6	7	7	7	8	8	4	3	3	2	2
FCF	-25	-25	-30	-8	-21	-27	-18	5	11	14	16	17	18	19	20	12	8	7	6	5
各年のFCFの現在価値	-25.0	-22.7	-24.8	-6.0	-14.8	-17.0	-10.1	2.5	5.2	6.0	6.1	5.8	5.5	5.1	2.9	1.8	1.4	1.1	*3.3	

*:3.3億円は2035年以降のターミナルバリュー

割引率	10%
NPV	-67.6

つまり、2015 年末の時点から見ると化合物 X は企業価値を損ねるプロジェクトであるが、そのことは 2018 年末になってみるまでは分からない。しかし 2018 年末の時点では 80 億円はすでに失われているために、企業にとってはそれ以降もプロジェクトを続けた方が「まだマシ」であるという状況になっているのである。

（6） ディシジョンツリー分析の最大の課題はモデル化である

今回はシンプルなディシジョンツリーを構築したが、開発段階が早い化合物を扱う場合にはより複雑なモデルを構築しなければならない。また、ディシジョンツリー分析には離散的なシナリオを想定する必要があるが、マーケッ

トシェアに影響を及ぼすようなパラメータの実際の確率分布は連続的であることが多く、限られた数のシナリオに絞り込むことは簡単なことではない。連続的なパラメータを想定する場合にはモンテカルロ・シミュレーションを用いることもできるが、連続的な確率分布をモデル化することも難しく、また重要なパラメータが複数あって、それらが相関しているような場合にはますます複雑になる。したがって予測担当者にとって重要なことは、過度に複雑なモデルを想定するのではなく、確率分布が試験デザインからも推定できるような、複数のシンプルかつ納得感のあるシナリオを提案して社内の合意を得ることである。

（7）成功確率のベンチマーク

化合物Xのディシジョンツリーの構築の際に必要となる情報として、化合物Xの成功確率がある。医薬品の成功確率に関する統計は今世紀に入ってから良く研究されており、最近ではHayらがBioMedTrackerという、米国のSagient Research Technologies社が管理しているデータベースを解析した結果を報告している(Hay et al. 2014)。ここでは各開発段階における成功確率を様々な切り口で分析しており、興味深い結果が得られている。たとえば、生物学的製剤はすべての開発段階において成功確率が非生物学的製剤より高くなっていることや、がん領域の化合物の成功確率は他の領域の化合物と比較して低いことが示されている。このデータをベンチマークすることによって、開発段階が早い自社化合物であってもある程度の確からしさをもってrNPVを計算することができるようになる。

図 16-6：適応症別の成功確率（Hay et al. 2014）

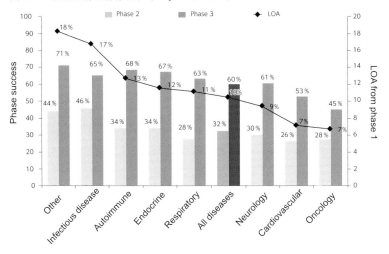

LOAとはLikelihood of Approval、即ち化合物が臨床入りしてから承認されるまでの確率である。評価期間は2003年から2011年までで、合わせて4,451化合物のデータを分析した。

6　その他の方法によるバリュエーション

これまでDCF法に基づいたNPVを用いたプロジェクト・バリュエーションの方法について議論してきた。この方法は現在医薬品プロジェクトのバリュエーションにおいて一般的な方法であると言えるが、ここではそれ以外の方法についても少し解説を加えたい。

（1）　ブレイクイーブン法

医薬品に限らず、ほとんどのプロジェクトは最初に投資があり、やがて時間をかけてその投資を回収するという順番を辿ることになる。そこで、そのプロジェクトが初期投資を回収するまでに何年かかるのかということを評価するのがこのブレイクイーブン法である。図16-7にそのイメージを示す。この方法はプロジェクトの大雑把な収支を確認するためには簡便な方法であるが、特に医薬品のように最初のキャッシュインまでの期間が長いプロジェク

トの評価やプロジェクト同士の比較には向いていない。

図16-7：ブレイクイーブン法のイメージ

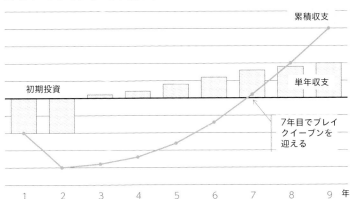

(2) 市場価格へのベンチマーキング

DCF法は多くの不確かなアサンプションを積み上げたものでもある。そこで証券アナリストなどプロの評価担当者は、可能であれば似たようなプロジェクトが実際に市場においてどの程度の評価を受けているのかということを観察して、そのバリュエーションが大きく外れていないことを確認する、ということを行う。

アメリカには数多くのバイオテック企業があり、それらの企業の中には販売している製品が無く、開発品しか持っていないにもかかわらず株式を上場している会社も少なからずある。多くの場合にはフラッグシップとなる化合物があり、それ以外のものは企業価値への寄与度は少ない。したがって、そういう企業の時価総額はそのままその開発品プロジェクトの市場価値であると想定することができる。自社の開発品プロジェクトを評価する際には、そのプロジェクトと似たようなプロジェクトで同じ開発段階にある競合を開発しているバイオテック企業の時価総額と、バリュエーションが大きく異ならないということを押さえておくことによって、評価の客観性を担保し、経営層

に対する説明にもより説得力を持たせることができるのである。

（3） リアルオプション

筆者はプロジェクトのバリュエーションにおいて、いわゆるリアルオプションを用いたモデルを構築することを推奨しない。詳細は専門書に譲るが、簡単に説明するとリアルオプションとはプロジェクトのバリュエーションを行う際に、企業がそのプロジェクトの進捗具合によって運営の調整をかけることができるということに価値を見出し、その価値をDCF法によって算定されたNPVに追加するというモデルである。具体的には企業は、

- プロジェクトが成功した場合には速やかに追加投資をしてその果実をより大きくすることができる
- 直ちに投資に踏み切るのではなく、少し待って様子を見ることができる
- プロジェクトへの投資を縮小することも、中止することもできる

といった、フレキシブルな経営を行うことができる。このようなフレキシビリティはディシジョンツリーの中に包括的に反映させることはできないために、DCF法によっては計算されるrNPVの中には含めることはできないが、オプションの理論によるとこれには経済的な価値がある。したがって、真にプロジェクトのバリュエーションを行う際にはこのオプション価値を含める必要がある。具体的には、

- 先行して開発されている同じ適応症の競合が想定よりも高い薬価を付けた場合、市場規模の予測が変わるため、自社製品の治験の参加施設数を増やして症例数の組み入れを加速させる
- 発売後、特許に瑕疵が見つかり後発品の参入予定が当初の想定よりも早まったために、販売費および一般管理費を調整する
- 同じ作用メカニズムの類薬に重篤な副作用が見出されたために、それがいわゆるクラスエフェクトであるかどうかがはっきりするまで自社の化合物の開発を延期する

こういった調整は企業が自社プロジェクトを能動的にマネージして行くにあたって企業価値最大化を目指す試みであり、この選択肢（オプション）があることはプロジェクトに経済的価値をもたらしている、と考えられているのである。

このオプション価値の問題点は、その測定の難しさである。我々はたとえば同じ適応症の競合がいったいどのくらいの確率で、どの程度の薬価を、いつ頃つけることになるのかというような想定を立てるために必要な量のデータの蓄積をもちあわせているとは言えない。したがって、この価値の存在を認めながらもバリュエーションには組み入れるべきではないというのが筆者の立場である。

以上、医薬品プロジェクトのバリュエーションについて議論してきた。次章では売上予測及びプロジェクトのバリュエーションが医薬品企業において、具体的に経営判断に寄与するための考え方について議論したい。

参考文献

Hay, Michael, David W Thomas, John L Craighead, Celia Economides & Jesse Rosenthal. 2014 "Clinical development success rates for investigational drugs." *Nature Biotechnology* 32: 40-51

第17章 売上予測と事業性評価の企業活動への応用

最終章では売上予測及び事業性評価の経営戦略及び判断への応用について、医薬品業界に特有な2つの応用類型に絞って議論したい。その2つとは、疾患領域戦略及び事業開発戦略である。

1 疾患領域戦略・適応症選択

医薬品産業に限ったことではないが、製薬企業が医薬品の研究・開発・販売といったような事業活動を行う場合、医薬品産業のすべての分野において活動を展開してゆくわけではない。特に研究開発活動は、何らかの適応症の治療を目指して開始されるのが普通である。かつては、まず何らかの生物学的活性がある化合物を抽出してきて、その後でその化合物の用途を研究するというような方法がとられたこともあった。しかし、現在は標的となる適応症の疾患の生物学を理解し、その中で重要な役割を演じている分子を同定して、それを標的とした治療戦略のために化合物を探索するというのが一般的である。したがって、製薬企業は研究開発を始める段階で、標的となる適応症を選ぶということをする。多くの製薬企業では疾患領域を、適応症を選ぶにあたっての根拠にしている場合が多い。これがいわゆる「疾患領域戦略」である。

表17-1：疾患領域と適応症との比較

疾患領域	適応症
● 医薬品マーケットを、主に医師の属性、特に専門科に従って分類したもの【例】呼吸器領域 ● 会社としてのケイパビリティ、特にMRと第一カスタマーとしての医師との関係性に化体しており、それが売上げに影響を与え得る ● 社内の担当部署：コマーシャル	● 製品の特性のうち、当該製品の治療の対象になる疾病【例】COPD ● 患者数、薬価といったマーケットの具体的な属性が直接売上げに反映する ● 成功確率は、適応症に付随しており、疾患領域に付随しているわけではない ● 社内の担当部署：R&D

（1）テーマ設定のカギはイノベーションとマーケットアクセスの将来像である

製薬企業は民間の営利企業であるため、研究テーマを設定する際にはその商業的可能性が最大であるような適応症を選択する。そこで、評価の対象となる適応症に対して仮想的な製品を想定し、その売上予測と事業性評価とを行うことによってその適応症の商業的可能性を推定するということが行われる。適応症の商業的可能性は、市場要因によって決定される。この場合もっとも重要な市場要因はその適応症の患者数と、想定される薬価とである（図13-2参照）。この二つの市場要因は疫学上の現在の有病者数と既存薬の薬価というシンプルな情報から最低限推定できる。そして患者数と薬価とは現時点での当該適応症のアンメットニーズの程度を表現していると言える。つまり、薬価はその適応症にかかる疾病の臨床的改善の程度を評価していると言え、かつそれは、その既存薬が新薬として登場したときに標準治療であった治療についていた薬価に対して相対的なものであると考えることができる。また、臨床的改善の程度が大きければ大きいほど、その医薬品を使用する患者数は多くなると考えられる。標準的治療に対して相対的に大きな臨床的改善をもたらし得るのは、究極には科学の進歩であり、すなわちイノベーションである。一方で、公的医療保険が導入されている日本のような国では、適応症の改大などによって実際の患者数が増えれば市場拡大再算定などによって医薬品の公定価格は調整される。このように、薬価と患者数とは現実には複雑に関連しあっており、この関係性はいわゆるマーケットアクセスの担当領域に含まれる。適応症選択の戦略構築の際には、イノベーションを理解している研究企画部門の技術探索の担当者に加えて、マーケットアクセス担当者をチームに含めることは極めて重要である。

図 17-1：イノベーションとマーケットアクセス

• 科学的妥当性：現在のサイエンスの水準から、どの程度の臨床的改善を期待すべきか

• 標準治療の薬価を考慮すると、この程度の臨床的改善はどの程度の薬価に値するか
• 患者数を考慮するとどの程度薬価調整されそうか

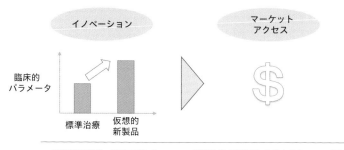

特に研究テーマ設定の際に製薬企業が真に考えなければならないのは、イノベーションとマーケットアクセスという二つの要因が現在どのような状況なのかではなく、そのテーマの新製品としての発売時にどのような状況になっているのかということである。したがって、現在の標準治療の薬価がいくらで、現在の患者数が何人いるのかということだけでは、理論的には適応症の設定の根拠として不十分である。新製品が発売されるまでたとえば 10 年必要だと考える場合には、10 年後まで市場の動向を予想しなければならない。市場における各製品がどのような推移を辿ることになるのかを知ることによって、10 年後における市場のライフサイクルが見えてくるようになるのである。したがって、テーマ設定には売上予測の担当者の参画が必要になってくる。

図 17-2：適応症のスクリーニングのイメージ

疾患領域	適応症	日本における患者数	標準治療薬の薬価	判定
皮膚科領域	乾癬	XXX	XXX	A
	帯状疱疹	XXX	XXX	B
	真菌感染	XXX	XXX	C
	…	…	…	…

この方法では、現時点の標準治療の分析ができるに過ない。

設定テーマに関する適応症の真の選択基準になるべきなのは現在の市場要因ではなく、将来の当該適応症の市場要因である

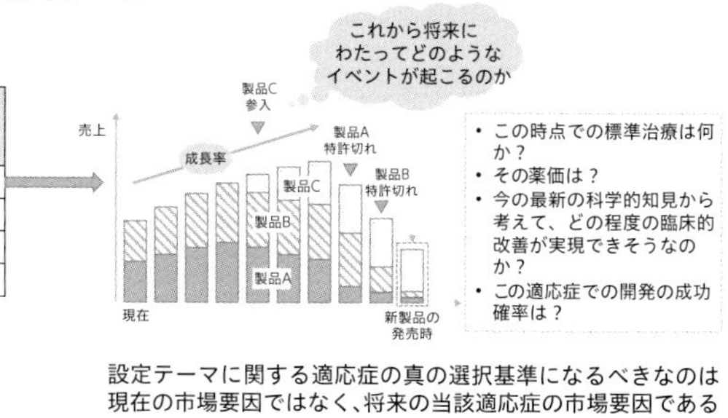

しかし、すべての適応症について将来分析を行うことは現実的ではない。そこで、1) 止むを得ず現時点での患者数と薬価とをパラメータとして代用するか、2) 評価する適応症の数を絞って分析する、といういずれかの方法が現実的である。前者は市場を包括的に評価することができる一方、前述の理由によって正確さが損なわれる。後者においてはそれを絞り込むための基準として注力疾患領域を設定するのである。そのトレードオフは、注力疾患領域の外に魅力的な適応症があってもそれを見落としてしまうということである。しかし、こんにちほとんどの製薬企業はその注力する疾患領域を設定している。それはなぜか。

（2） 疾患領域戦略を採用する理由と根拠

近年は国内の製薬各社においても、特定の疾患領域のポートフォリオを他社に移転するということが頻繁に行われるようになった。このようなポートフォリオの移転は、製薬各社における選択と集中との一形態であると考えられるが、そもそもこのような選択と集中とに基づくポートフォリオ戦略が成立するためには、製品・パイプラインの価値が会社によって異なるはずだという前提が必要となる。ある製品はA社が販売するよりもB社が販売した方が、売上が伸びる、ということでなければ移転そのものは正当化されない。少なくとも投資家たちがそのように考えるからこそ、事業移転は多くの場合移転元、移転先双方の株価の上昇を伴うのである。このことは、一見当たり前のことのように思われるかもしれないが、医薬品という製品が優れて機能的製品であるということとは相いれない。なぜなら、医薬品が完全な機能的製品であるならば誰が売っても同じようなパフォーマンスを示すはずだからである。したがって、逆に我々はここに医薬品産業においても、企業固有のブランド力の存在を確認するのである。これはすなわち、医薬品といえども完全な機能的製品ではないことを示している。

ブランド力は第13章で議論した企業のケイパビリティーの一部であり、具体的には、企業名やMRと医師との人間関係などに化体する。重要なこと

は、OTC薬などの特殊な場合を除いては、ブランドを認識するのは通常の場合処方の決定権を有する医師であるということである。つまり市場をセグメントに分けるとき、それを医師という軸で、たとえば医師の専門科に基づいて分割することは理に適っている。したがって製薬企業はセグメンテーションとして疾患領域戦略を実行し、すなわち顧客を選択し、ポジショニングとして製品の適応症を選択するのである。

自社のブランド力がどの疾患領域にどの程度存するのかを正しく理解することは、企業が疾患領域戦略を立案する上で極めて重要である。なぜならば、ブランド力が存する疾患領域に対する投資がもっとも効率が良い投資であり、企業価値・株主価値の最大化をもたらすことができる投資だからである。ブランド力は市場調査を行うことによって定量的に測定することができる。すなわち、特定の疾患領域におけるコンジョイント分析を行うことによって、企業属性の各水準における寄与率と効用値とを求めることができる。これは企業のイメージ調査などよりもはるかに正確にブランド力を測定することができる方法である。

このようにして、ブランド力に応じて疾患領域の優先順位を決定したら、そのうちの優先疾患領域内の各適応症の市場予測を行って、どの適応症を具体的に選択して創薬資源を傾注して行くのかを決定する。疾患領域戦略には売上予測とそれを用いた事業性評価とが極めて重要な役割を演ずることになる。

● 2　事業開発戦略に関する事業性評価の重要性

事業開発というのは医薬品に固有ないくつかの重要な性質によって、医薬品産業では特別な、無くてはならない企業活動の一つになっている。医薬品開発は多額の投資を要し、しかも開発の成功確率が低いというリスクの高い活動であるために、医薬品企業は何らかの形で開発段階のリスクを軽減させようと試みる。具体的には開発中化合物あるいは製品についても、協業を行うことによってリスクシェアをするのである。

図 17-3：医薬品のターンオーバー（Paul et al. 2010）

	Target-to-hit	Hit-to-lead	Lead optimization	Preclinical	Phase I	Phase II	Phase III	Submission to launch	Launch
p(TS)	80%	75%	85%	69%	54%	34%	70%	91%	
WIP needed for 1 launch	24.3	19.4	14.6	12.4	8.6	4.6	1.6	1.1	1
Cost per WIP per Phase	$1	$2.5	$10	$5	$15	$40	$150	$40	
Cycle time (years)	1.0	1.5	2.0	1.0	1.5	2.5	2.5	1.5	
Cost per launch (out of pocket)	$24	$49	$146	$62	$128	$185	$235	$44	$873
% Total cost per NME	3%	6%	17%	7%	15%	21%	27%	5%	
Cost of capital	11%								
Cost per launch (capitalized)	$94	$166	$414	$150	$273	$319	$314	$48	$1,778

☐ Discovery　☐ Development

Nature Reviews | Drug Discovery

Paul らの論文を再び引用しよう（Paul et al. 2010）。各ステージの成功確率を考慮すると、一つの製品を無事に発売するためには、臨床開発のＩ相、Ⅱ相、Ⅲ相の各段階にはそれぞれ 8.6 個、4.6 個、1.6 個のプロジェクトが必要となる。これにそれぞれの開発段階の開発期間を考慮すると、毎年１つの新製品を発売するためにはそれぞれ 12.9 個のプロジェクトがＩ相に、11.5 個がⅡ相に、4 個がⅢ相に入ってなければならない計算になる。これだけのプロジェクトをすべて自社内で創生しようとすると、毎年 24.3 個の新たな研究テーマが設定されなければならないということである。これが自前で用意できない場合には製薬企業は１年間に１つの製品を新発売するという、持続的成長目標を達成できない。製薬企業はこのパイプラインの枯渇という事態を回避するために事業開発活動を行い、外部のパイプラインを導入しようと試みるのである。また、医薬品の研究開発というのは極めてノウハウ集約的なプロセスであり、パイプラインがあるときだけ人を雇って開発し、終わったら解散するというわけにはいかない。自社の特に臨床開発部門に常にプロジェクトがあるということはそれらのノウハウの蓄積を社内に留め置くためにも必要なことである。筆者はパイプラインが枯渇している企業を何社か経験したが、パイプラインの有無は会社全体の士気にかかわる。

一方で、バイオテックや中小規模の製薬企業においては、特に後期の臨床開発にかかる莫大な投資を自社では賄いきれないためにコストシェアをしたいと考えることがある。さらには、長期にわたる研究開発のライフサイクルにおいて、開発中にテーマ導出して契約一時金という形でそれまでの投資を早期に回収したいと考えることもあり得る。グローバルな開発機能を持たず、海外の権利をグローバル大手に渡して国内の開発に投資を集中するという戦略を掲げる中堅製薬メーカーもいる。したがってパイプラインの導出入はどちらの側にとっても固有のリスクをシェアするために、特にこんにちでは極めて重要な戦略なのである。なお、パイプラインだけでなく製品の販売提携（コ・プロモーションなど）も同じような文脈で考えることができる。また、さきに述べた事業移転なども、この導出入の拡張されたバージョンであると考えることができるだろう。

図17-4：事業開発のプロセス（パイプライン導入）

図17-4には事業開発活動、特にパイプラインの導入の一般的なプロセスを示した。簡単に言えば、探して、交渉して、契約して、提携維持をする、必要に応じて再交渉するということである。この中で、売上予測及び事業性評価が問題となる個所について簡単な解説を加える。

(1) スクリーニング
スクリーニングが実施できる前提として、疾患領域戦略が確立していることが大切である。事業開発活動はともすれば日和見的 opportunistic（良いもの

があれば何でもいいから飛びつく)になりがちであるが、戦略的なパイプライン導入のためにはスクリーニングの基準が疾患領域戦略と連携されていることが極めて重要である。どの適応症にどの位の商業的可能性があるのかというマトリクスを持っていればスクリーニングは簡単になる。特にこんにちでは世界中の開発中化合物の一覧を簡単に見ることができるデータベースなども作られており、かつてほどの労力は必要なくなっている。

(2) ネゴシエーション・ディール

デューディリジェンス後に新たに入手された情報に基づいて、「ディールモデル」などと呼ばれることもある、交渉の基盤となるような売上予測を短期間で構築しなければならない。

ディールモデルは、契約条件、すなわち一時金、マイルストン支払、ロイヤリティなどの算定のために必須のモデルであるため、ある程度の緻密さが必要となる。一方で、交渉事であるためにモデルを早く構築する必要性があり、難易度の高い予測作業となる。

予測構築のために得られる情報は決して多くない。TPP の設計も十分でない場合もあり、CoGS を始めとするコストに関する情報の提供も少ない。定量的な市場調査を実施できるだけの時間的余裕がない場合も多い。何より社内でも秘密裏にプロジェクトを進める必要があるため、社内各部署からの情報収集も制限される。したがって、かなり大きな部分を不確かなアサンプションに頼るしかない場合が多い。

ディール構造の想定シナリオごとのバリュエーションと、各要素の考え方などを示した内部用の交渉基礎資料を用意しておくと、交渉担当者にとっても便利であるし、交渉を有利に進めることができる場合がある。この交渉基礎資料のもう一つのメリットは、その資料上で予測にかかるアサンプションが明確に示されることである。交渉担当者はその常として、予測の前提となるアサンプションを緩めてでもディールをメイクしたいという動機が働き、その皺寄せはディール成立後に必ずと言って良いほど売上予測担当者に及ぶ。

その防衛策として、予測担当者はすべてのアサンプションを交渉基礎資料の中で常に明確にしておくと良い。

（3） アライアンスマネジメント・リネゴシエーション

契約から時間が経つにつれ、ディールモデルのアサンプションがどうしても現実から乖離していることが明らかになってくる。この場合でも、アサンプションが明確になっており、それがその時点での最大限に努力した結果であったのであれば、予測担当者としては恥じることは何もない。交渉基礎資料はこの場合にも大いに役に立つ。重要なことは、何がどのように乖離しているのかということを明確化することである。必要に応じて再交渉をして、契約条件に変更を加える。

事業開発活動と疾患領域戦略とは緊密な連携がなされていることが極めて重要である。なぜある企業は他の企業よりも高い契約条件を提示することができるのか？それはその企業が潤沢な資金を持ち合わせているからではない（内部留保にあかせて必要以上の投資金額を払うくらいなら、その分を株主に配当すべきである）。そこに企業固有のブランド力が存するために、他ならぬその企業がそのプロジェクトを導入した場合にそのNPVが最大化すると考えられるためである。したがって企業の事業開発担当者は、自社のブランド力がどの領域にどの程度存在するのかということを正確に理解しておく必要がある。

● 3　M&A：トリッキーな事業性評価課題

事業開発におけるもう一つの極めて重要な類型にM&Aがある。M&Aには同じ事業開発活動であるプロジェクト・製品の導出入とは明確に異なる側面がいくつかある。

（1） 企業のすべてが対象になるということ

導出入の場合には基本的には特定のプロジェクトのみが問題となる。しかし、M&A の場合はそれ以外にもそれぞれの企業が持つブランド価値や研究開発の基盤技術といったすべての有形・無形の資産が対象となる。良くも悪くも全部ついてくるのである。したがって、以下のような側面が付随する。

- 条件を設定する際には、すべてを評価しなければならない。導出入の場合にはプロジェクトや製品の NPV のみを問題にしていれば良かったが、M&A の場合は上述の有形・無形のすべての資産を評価しなければ適切な条件を設定することができない。これには大変な労力と時間とが必要となる。
- 必然的に、高価になる。製薬企業がベンチャーを買収するなどというような場合には、製薬企業側は目的とするもの以外のものまで買うことになるためということに加えて、たとえば TOB の場合には、進捗を速めるために株式の時価に対してプレミアムをつけて購入するというようなことが起こるためである。
- 上の点に加えて、買収後に不必要な部分を整理しなければならない。余剰人員を整理し、不必要な資産を売却するなどの後始末が必要となる。
- 一方で M&A でなければ入手できないような、コア・ケイパビリティを手に入れることができる。たとえば特殊な基盤技術や、新興国における販路などは自社で開発することは極めて困難であるが、M&A によってはそれを入手できる。

（2） 必ずしも相手の同意が必要でないが、買収先の協力なしには M&A の目的の達成は難しい

導出入の場合は 100％ 双方の同意がなければディールは成立しない。それに対して相手の同意が無くても、敵対的買収を仕掛けることが可能ではあるという点は M&A と導出入との大きな違いであろう。ただし、M&A の目的が

属人的なノウハウであるような場合には、買収が完了しても研究者の流出によって目的が達成されないということもあり得る。逆に、たとえば抗体製剤の製造プラントのような有形固定資産を得るためのM&Aであれば、敵対的買収によって目的を達成できる場合もある。

(3) M&Aは経営者にとって特別な意味のあるディールである
最近では日本の医薬品企業においても見られるクロスボーダーM&Aであるが、少なくとも今のところ必ずしもM&A後に約束されていた適切な企業価値創造が起こっているとは言えないようである。このことは日本に限ったことではなく、M&Aが期待通りの成果を上げるケースは多くないというのは一般的な現象である。これはすなわち、経営者はM&Aがもたらしうる価値を高く見積もる傾向にあるということを示している。なぜ経営者はM&Aの価値を誤って高く見積もってしまうのか。その本質はいわゆるエージェンシー理論 agency theoryの問題であり、株主と経営者との間に生ずる情報の非対称性が、経営者の個人的利益最大化と株主価値最大化とを乖離させてしまうためである。株主は事業の情報を経営者ほどには知らないために、経営者はその株主の無知につけ込んで株主価値最大化よりも自分の利益を最大化させる方向に向かってしまう。経営者がM&Aを実施したいという個人的な動機・欲求を持つ理由についても良く研究されている。

1) 収益操作
M&Aを実施することによって、長期的には会社価値を毀損することになっても、短期的に財務諸表が改善したように見せかけたいという動機。

2) エンパイア・ビルディング
会社を大きくしたい、大きい会社の経営者でありたいという欲求。これには、大きい組織を率いたいという原始的な欲求以外にも、実際に経営者の報酬が会社の規模に比例するためという功利的な動機もある。

3) リスク回避傾向または保身
経営者は事業を多角化させることによって、一つの事業が失敗した際にも会

社を存続させることができるため、自らの経営者としての地位を保つためにシナジーの無いM&Aに踏み切りたいという動機がある。

このような特徴があるために、M&Aの評価は技術的にも政治的にも難しい。しかし、実際にあるM&Aが企業価値・株主価値に対して寄与するのかどうかの評価を社内で行うことができるのは売上予測・事業性評価担当者その人であり、職業的良心に従って適切な評価が行われることは重要である。詳細な技術論は本稿の範囲を超えているため、専門書を参考にされたい。

参考文献

Paul, Steven M., Daniel S. Mytelka, Christopher T. Dunwiddie, Charles C. Persinger, Bernard H. Munos, Stacy R. Lindborg and Aaron L. Schacht. 2010. "How to improve R&D productivity: the pharmaceutical industry's grand challenge." *Nature Reviews Drug Discovery* 9: 203-14

英文索引

adherence 66
adoption process 108
agency theory 212
attribute 126
attribute importance 126
attribute level 126
attribute sensitivity analysis 128
attrition rate 16

capital asset pricing model 176
CAPM 176
cash cow 182
cherry picking 35
communication adaptation strategy 144
compliance 66
concordance 66
confirmative research 122
contribution 127
curve fitting 106

D

DCF 174
demand based model 29
determinant analysis 95
determination coefficient 88
diffusion model 107
discounted cashflow 174
dynamic 51

early adopters 108

earnings before interest and tax 175
EBIT 175
emotional value 63
endogenous 37
environmental factors 56
epidemiology model 29
etiology 56
exogenous 37
explorative research 123
exponential smoothing model 98
extrapolate 29

FCF 10, 175, 187
fishbone chart 159
flow 76
format 41
free cashflow 10
functional value 63

genetic factors 56
global market adaptation strategy 144
granularity 25
growing perpetuity 183
gut feeling 35

imitation coefficient 110
imitators 108
incidence-based model 48
initial purchase 108
innovation coefficient 110
innovators 108

K

key performance indicators 9
KPI 9

L

least square 88
linear regression 87
logistic curve 112

M

MAP 134
marketing lever 62
minimally acceptable profile 134

N

net present value 10
NPV 6,10,134,175,189

O

opportunistic 208
order of entry 156

P

part-worth 127
patient journey 39
patient-based model 31
preference share 76
prescription model 86
prevalence-based model 48
product profile 125

Q

qualitative research 122
quantitative research 121

R

random walk 97
residual 89
risk adjusted-NPV 190
risk averse 163
rNPV 189

S

segment 64
smoothing constant 98
snap shot 48
SOP 38
source of business 30
standard operating procedures 38
static 51
stock 76

T

target product profile 133
time series analysis 86
time value of money 164
TPP 125,133
treatment flow 49
treatment paradigm 51

U

unseen wealth 39,173
uptake curve 115
utility 127

V

value system 64

W

WACC 178
weighted average cost of capital 178

willingness to pay 65
WTP 65

Z

Zipfの法則 156

和文索引

あ

アサンプション 35,51,81,182,184
アップテイクカーブ 83,115,152,182
アドヒアランス 66
遺伝的素因 56
インターバル 42
売上予測依頼書 42
運転資本 176
エージェンシー理論 212
疫学モデル 29,31,47,76
オーバーヘッド費用 186

か

カーブフィッティング 106,116
外因的 37
会計上の保守主義 172
外挿 29
外部業者 20,22
拡散モデル 107
革新係数 110
革新者 108
確率変数 165
確率密度関数 165
加重平均資本コスト 178
価値システム 64,128
価値の加法性 174
ガバナンス 20
貨幣の時間的価値 164
環境素因 56
感受性分析 128
企業価値 9,172
規定要因分析 95
機能価値 63
キャッシュ・カウ 182

寄与率　127
グローバル製品適合戦略　144
ケイパビリティ　148,205
契約一時金　208
決定係数　88
検証型調査　122
効用値　127
コーポレートファイナンス　171
コミュニケーション適合戦略　144
コンコーダンス　66
コンプライアンス　66
ゴンペルツ曲線　113

さ

最小二乗法　88
最低限必要な特性　134
採用者プロセス　108
サクランボ摘み　35
サンクコスト　195
残差　89
参入順位　156
時系列分析　29,86
指数平滑化法　98
疾患領域戦略　202
失敗リスク　18
支払利息・税引前利益　175
資本資産評価モデル　176
需要モデル　29
仕様　41
小集団　64
情緒価値　63
情報の非対称　21,212
正味現在価値　10
初回購買　108
処方箋モデル　86
水準　126
ストック　76

スナップショット　48
正確性リスク　18
成長する年金の公式　183
静的　51,96
製品特性　125
早期採用者　108
属性　126
属性重視度　126

た

ターゲット・プロダクト・プロファイル　133
探索型調査　123
直線回帰　87
治療パラダイム　51
治療フロー　49,66,83
ディールモデル　209
定性調査　122
定量調査　121
投資キャッシュフロー　176
動的　51
特許　13
ドメイン　148
ドメイン戦略　148

な

内因的　37
ナショナル・データベース　55

は

病因論　56
評価基準　9
標準操作手順書　38
日和見的　208
ファイナンス（担当者としての）　20, 21
フィッシュボーン・チャート　159

部分効用　127
ブランドマネジャー　20
フリーキャッシュフロー　10,175,189
プリファランスシェア　76,121
フロー　76
平滑化定数　98
ペイシェント・ジャーニー　39
ベンチマーク　152,176,197
簿価資産　172

ま

マーケットアクセス　15,144,203
マーケティングレバー　11,62
マイルストン　209
マルサス的成長　113
見えざる富　39,173
密度効果　107
模倣係数　110
模倣者　108

や

有病者　31,47
有病率　31,47,55
有病率モデル　47

ら

ランダムウォーク　97
罹患　31,47
罹患率　31,47,76
罹患率モデル　76
離散的確率分布　165
リスク回避的　163
リスク調整NPV　190
粒度　25
レセプト・データベース　55
連続的確率分布　165
ロイヤリティ　185,209

ロジスティック曲線　112

わ

割引キャッシュフロー法　174

あとがき

　医薬品業界に関わって10年になったある春の日のこと、国際商業出版の薬業界専門雑誌である「国際医薬品情報」の岩垂廣編集長と会食していたときに、医薬品の売上予測と事業性評価とに関する連載を国際医薬品情報に掲載して、それをまとめて本を出版するというプランは面白いのではないかとの話で盛り上がったところから、本書のタイトルと同じ表題での2年に及ぶ連載が始まった。当時は日本語で医薬品の売上予測のノウハウについて体系的にまとめた本はまだなく、また英語の本はあるにはあったが、コンサルティング企業が宣伝のために作ったような表面的な内容で、私が実務的に売上を予測するにあたって拠って立つことができるようなものではなかった。売上予測のスキルについては、様々なノウハウを自分の中に蓄積させて、自己流で開発していったというのが正直なところである。しかし、こういう属人的なスキルを何とか外部化して有形化・蓄積してゆくことはできないか、とは常に思っていたので、このお話を頂いたときは非常にうれしく思ったのを記憶している。途中、一時中断せざるを得ない状況があったにもかかわらず、岩垂編集長が我慢強く待って下さったおかげで連載は16回を数え、それをまとめて何とか上梓することができたことにほっと胸をなでおろしている。医薬品の売上予測、事業性評価に携わったことのある人間ならわかると思うのだが、この仕事は決して直ちに心楽しいと感じるようなものではない。会議の場では数字の根拠について何度も問いただされ、そのたびに予測に入ってゆくすべてのアサンプションを守らなければならない。予測を立てるためにはその医薬品（またはパイプライン）のすべてを把握して語れなければならない。つまりジェネラリスト的な知識が必要とされるのであるが、売上予測を守るためには各分野に関して明らかに精通している社内のスペシャリストからの攻撃に耐えなければならず、この辺がつらいところなのである。私自身、当初はこの仕事は早く卒業して別の部署に異動したいと思っていた。しかし、しばらくこの仕事をしているとだんだんと売上予測が自分の天職な

のではないかと思えるようになってきた。売上予測というのは理系と文系とのハイレベルな結合である（私は理系とか文系とかいう表現は好きではないが）。自分のように、両方の学問的かつ実務的な背景を持っている人間でなければ務まらないのではないかと思うようになってきたのである。自分のユニークさがしっくりと嵌るニッチのような場所を見つけたような気がした。その後紆余曲折があって、結局医薬品の売上予測を専門にする独立コンサルタントとしてのキャリアを追求すべく、2015年の11月にe-Projectionを起業したのである。

売上予測というのはどのような産業、製品であれ必ず行われている。しかし医薬品の売上予測が他のそれともっとも違うところは、特にパイプラインの予測については予測の検証というものがほぼできない、もしくは意味がないというところにあるのではないかと思っている。我々は5年後に発売される新製品のピーク時が15年後に訪れるという、その予測を行っているのである。15年前に、たとえば後発品シェアが現在の水準に到達していると予測できた人間が果たしていただろうか。5年もあれば外部環境はガラッと変わるし、そうであれば以前のアサンプションに基づいた売上予測などはほとんど何の意味も持たなくなるだろう。

このことはつまり、担当者にとっては自分の予測がいかに正確であるか、ということを証明する場を奪われているということを示している。我々は自分の正しさを自分の仕事をもって実証することができないのである。しかし、いや、だからこそ、医薬品の売上予測にとって大事なことは正確さではない。それは緻密なアサンプションに基づいて、その時点での最善を尽くし、ベスト・エスティメートをして、経営層を説得するということにある。経営層には細かいことは分からない。最終的には、この予測は、彼（女）が作ったのであれば信じるに値すると思わせられるかどうかということに尽きるのである。したがって、質問にはすべてこたえられるようにしておかなければならない。特に外資系製薬企業の予測担当者はそれを英語でできるようでなければならないだろう。これこそ予測担当者の醍醐味である。

予測担当者に必要な素養は何かと問われれば、それは好奇心であると答えたい。私も医薬品産業に関しては様々なことに興味を持ち、取り組んできた。好奇心がもたらす様々な経験が、ジェネラリストとしての今の自分を支えているのであると信じている。

医薬品産業は医療という国民の福祉に関する事業の一部としての新薬の研究開発を、民間が請け負っていると考えることができる。これは本来であれば国家のレベルで行わなければならないような仕事であるはずだが、医薬品は医療の分野の事業の中でもハイリスク・ハイリターンな産業であり、公的セクターが実施するよりも、進取の気性に溢れる民間企業が請け負う方がふさわしいと考えられているのである。そのために国家は国民からの信託を受けた税金を医薬品産業に投資している。製薬企業が生み出す売上のほぼ半分は保険料という形で国民が収めている税金に他ならない。製薬企業にはその受け取った税金を適切に研究開発に投資し、新薬を開発・発売してゆくノブレス・オブリージュがあるのである。本書がそのような適切な投資判断の一助となれば、幸いである。

最後となったが、この本は困難な時に私を支えてくれた家族、特に妻と姉とに捧げたい。

2016年2月

e-Projection

代表　長手　寿明

著者略歴

長手　寿明（ながて　としあき）
獣医師　医学博士

1973 年生まれ
1997 年　　一橋大学法学部卒
2004 年　　東京農工大学農学部獣医学科卒
　　　　　　キッセイ薬品工業研究本部・開発研究部所属
2009 年　　信州大学医学部医学研究科博士課程修了
　　　　　　アボットジャパン事業開発・戦略企画部所属
2012 年　　Abbott Laboratories Global Marketing 所属
2013 年　　武田薬品工業グローバルマーケティング所属
2014 年　　University of Chicago Booth School of Business を成績優秀者として修了
2015 年　　e-Projection 起業

専ら医薬品の売上予測を扱うコンサルタントとして 2015 年 11 月に e-Projection を起業。業界専門誌である国際医薬品情報の専属ライターとして、主に世界の医薬品市場の時事を日本の読者に紹介している。

E-mail:　　tosh.nagate@e-projection.com

医薬品の売上予測とプロジェクトの事業性評価（検印省略）

平成 28 年 4 月 10 日　初版発行
令和 元 年 6 月 15 日　第 2 刷

発　行　人　　栗田　晴彦
発　行　所　　国際商業出版株式会社
　　　　　　　東京都中央区銀座 6-14-5　〒 104-0061
　　　　　　　電話 03(3543)1771　FAX03(3545)3919

印刷・製本　　日本フィニッシュ株式会社

万一、落丁乱丁本の場合はお取り替え致します　　Printed in Japan
ISBN978-4-8754-24116-6　C2034